你能写好记叙文

苏小昨◎主编

北京联合出版公司
Beijing United Publishing Co.,Ltd.

她是一个很真实，且不会掩饰自己的人。她在我面前讲过她的故事，曾痛哭流涕，曾痛苦不堪，也曾明媚几许，几多欢乐，我看到的每一个她都是立体而饱满的。作为一个作者、一个女人、一个年轻人，我是断然不敢，也不肯袒露内心所有的一切给众人看的。所以，每次接到她的电话，看到她所诉说的故事，看到她在直播间的直白，我总是被她的真感动，文人需要这点儿真，这便是真实、真诚、真意、真情。

后来，小昨成为了广东省一所名校的文学老师，专门教学生如何写作文。我觉得这很适合她，她是一个喜欢表达的人，很有亲和力，能够清晰地表达内心的所思所想。

作为《意林》杂志社的阅读推广人，我去过许多城市许多学校，听过许多语文老师的课，自己也参与过许多演讲。我们意林也曾推荐小昨，让她去替我们讲课，每次听到老师们的反馈，对她都是赞不绝口。由此可以看出，小昨在教学生写作上，真的是下足了功夫。

去年夏天和小昨见面时，听说她要出版一本有关如何写作文的书。小昨很认真地对我说："我很想把自己十五年来的写作经验分享给大家，我想告诉学生们写作其实也可以玩，而且可以很好玩。我想尽自己最大的努力减少学生们写作的痛苦。"

小昨励志要做一本史上最接地气、最实用的作文教辅，在这本《你能写好记叙文》中，她不仅分享了自己十五年的写作经验，而且还邀请了两位语文教学经验非常丰富的骨干老师来解决学生实际写作的困惑。最令我期待的是，小昨还邀请了上知天文，下知地理，熟读上下五千年，十几年来阅读书目近五千册的李宏老师来为大家推荐可以帮助我们写记叙文的书单。

由此看来，小昨这本作文教辅着实用了很多心思，非常实用。

我一直认为，写作最难的不是自己去创作，而是教会别人如何去写，去记录，去感受，尤其是学生群体。这是一个世界观、人生观、价值观都没有成熟的群体，阅读和写作对他们来说格外重要，他们要学会在阅读中学习，在写作中成长。如果他们能有幸读到好书，自身必定会有所提升。

小昨是作者，又是文学老师，擅长写作，又擅长教学生写作，实属难得。

但愿时光不会辜负她的努力。

我亦相信这本书就是她成长的时光，也是她被时光锤炼之后，想带给读者的新姿态、新思考。

真实的必然独特

王不了

王不了，曾获全国中学语文教师教学基本功比赛一等奖，广东省阅读教学比赛一等奖。著有散文小说集《月亮很旧，月光很新》。

到目前为止，我总共写了43篇下水文，其中大多数是师生同堂同题，即我和学生一起限时进行命题作文，而题目几乎都由学生现场提供、投票选定。

这事儿，很多人不理解。

这么热爱写作文的老师，得是个什么样的神经病？

其实，我跟你们正常人一样不喜欢作文。

那为什么还要写呢？起因大概是八九年前，突然有学生问，老王你怎么不写啊？我当时开玩笑说，当老师的幸福就在于丢个作文题目看着学生挣扎。但回头一想，他问得有道理——都是带徒弟，教游泳的自己不下水？厨师不炒菜？带外科实习生的不上手术台示范？不可能！那凭什么语文老师自己不写作文啊？

所以就写吧。

写了这么多，什么感觉呢？

一开始很难受。限定时间，限定地点，限定主题，你得在900个8毫米×8毫米的作文格子里完成表演——写作文的本质就是表演——那种感觉像什么呢？众目睽睽之下，出题人命令你在40到60分钟内把大象塞到一套紧身衣里。写得越多，你越能唤醒那种学生时代的痛苦体验，与此同时你的技巧也越来越娴熟，越来越像个职业演员，三流的。然后，你担心这可能会伤害自己的写作，有时候你甚至会感觉这很恶心，然后你暂停几个月，直到你跟作文达成某种和解——我不那么鄙视你，你也别那么折磨我，可以了吧？

2015年中考，我所带的麦芒班中考语文4人满分，班级平均分超110分，一时间有很多人问我作文怎么拿高分。

每次我都会说，看你怎么定义高分。按现在的分制，语文120分满分，作文50分。一般来说，42分以上的作文可以算高分了，但我更愿意把这个标准提高到45分。42分的话，按表演套路来就行了，书写、文笔等各方面做到优秀即可。45分呢？你最好就不要表演了。我知道表演可能也管用，但我更喜欢来真的。这是件很吊诡的事——在考场作文这个充满虚情假意的舞台上，看惯了表演的评委们最喜欢的反而是真实，也就是说，最后拿到高分的可能都是本色演出。实际上，我给所有层次的学生的建议都是写真实的东西。我经常说，写好作文的两个要素，一个是真实，一个是独特。本质上，这两个要素可以缩减成一个：真实。因为真实的必然独特。那么多学生笔下的父母都千篇一律，为什么？除去多年的作文套路的束缚，还有个很重要的主观原因是，学生根本不了解自己的父母，甚至都没好好看过自己父母的脸，很多父母不过是孩子最熟悉的陌生人。你不了解，你就写不出真实的东西。你了解了，就会发现，真实的必然独特。

去年，小昨在磨铁签了一本作文教辅《你能写好记叙文》。她邀请我一起编著。但由于筹备理想学堂，事务繁忙，实在分身乏术。

小昨说，我想做一本和市面上不一样的教辅，一本能够实际解决学生写作困惑的教辅。譬如，市面上大多数教辅都是选用了大量的优秀作文，告诉学生，什么样的作文是满分作文。但是并没有人告诉他们30分的作文是什么样的，20分的作文是什么样的。那些作文为什么不好？有什么问题？我想选一个章节把每个分数段的作文都展示一下，让学生们来对号入座。

听小昨谈她对作文教学的看法，以及对作文教辅的规划，我打心眼里佩服这个瘦弱的姑娘。她总是试图站在利他角度去考虑学生的需求，而不是很主观、很自我地强行灌输给学生自己想要表达的东西。或许这种利他的思维和反弹琵琶的创意，会让这本书与众不同。

除小昨以外，编著这本教辅的其他三位老师也都是我的朋友和同事。曾绍忠老师拥有二十几年语文教学经验，指导学生获奖无数；吴春江老师对语文教学充满激情和耐心，高考语文全班平均分曾高达132.1分；李宏老师是我多年的书友，他博览群书，涉猎极广，有他的参与，这本书的书单品质一定臻于上乘。

用欣赏照亮孩子前行的路

畅销书作家导师　武海霞

> 称赞不但对人的感情，而且对人的理智也起着很大的作用。
>
> ——列夫·托尔斯泰

认识王瑞珂（苏小昨）的时候，小昨13岁，我20岁。那是2000年的9月，那一年我刚刚踏上讲台，成了一所山村中学的语文老师。

那时的苏小昨个子高高的，头发很长也很黄，扎着马尾辫，眼睛不大，坐在教室的倒数第二排，她后面是班里最调皮的两个男孩子。当时小昨数学出奇的烂，她的数学老师性子急，面对笨笨的小昨只能彻底地缴械投降。于是小昨更加自卑。课上回答问题总是结结巴巴带着哭腔，课下同学们与老师打招呼都是笑眯眯、大大方方地喊声"老师好"，小昨却总是怯怯地抬头看一眼，然后低下头像只惊慌的小兔子急急离开，有时候实在逃不开，也动动嘴，但你永远听不清她说的是什么。天啊，这孩子的心里该有怎样一个自卑的狂魔霸占着她小小的心灵啊。我在寻找，寻找任何一个契机，希望可以帮孩子找到一点儿自信。记得当时刚刚学习过《藤野先生》这篇课文，我便布置了一次仿写，题目是《我的老师》。小昨洋洋洒洒写了足足一千多字，我的一举手一投足、一颦一笑都被她写进了文章里，对于一个初二的孩子而言，能写出篇幅如此长的文章实属不易。于是，我在她的作文后边写了一条很长很长的评语（那也是我迄今为止写的最长的一个评语），评析她文章里出现的每个亮点，然后我在班里公开讲评她的作文，同学们都用崇拜的目光看向她，我第一次发现她抬起了头。

没想到那条评语起到了神奇的作用，竟然治愈了她上课回答问题结结巴巴的毛病。后来我又发现她在偷偷用练习本写小说，已经写满了好几个练习本，但她从不敢拿给别人看，她怕别人取笑她。于是我把文章拿过来推荐给我们所有的语文老师，然后他们都在班里宣传王瑞珂的作品，一起去关注这个孩子，关注她的每一点进步。

我不敢说当年我的鼓励起了多大的作用，小昨今天的成绩源于她的天赋和她的执着。如果说我起了点儿作用的话，只能说我的欣赏让孩子在黑暗的世界里寻到了一丝丝光明。

一晃十几年过去了，小昨靠着惊人的毅力实现了自己的写作梦想，签约磨铁图书，还成了《意林》杂志上的特约公益讲师。不仅如此，她还把自己写作十五年的经验分享出来编了一本作文教辅《你能写好记叙文》。我每次看到她的成绩都与有荣焉，特别开心。我翻阅了小昨这本作文教辅的电子稿，发现这是一本非常实在的教辅，跟小昨本人一样实在，满满的干货，基本都是学生写作文最常见的问题解析。我敢说，这是我所见过的最接地气的作文教辅。作为指引小昨走上文学之路的初中语文老师，我为小昨的成就感到骄傲和自豪。

其实，每个孩子都是一个智光闪烁的太阳，每个孩子心里都有一颗金苹果的种子，只要我们懂得去发现，去欣赏，去呵护，这颗种子便可以生根、发芽、结果。孩子身上并不缺少精彩，只是我们缺少发现。愿我们为人师者都能有一颗善于发现的心、一双善于发现的眼睛，用欣赏的眼光看孩子，用欣赏照亮孩子前行的路。

目　录

作家的作品欣赏
和满分作文欣赏

像谈恋爱一样喜欢妈妈

■ 苏小昨

我对我妈很依恋，这是个事实。

直到现在我都很喜欢抱着妈妈一起睡，像小猫一样在她身上蹭，对于我来说，这是一件很幸福的事。

小时候，我一直以为妈妈喜欢弟弟多一些。或者也许是爸爸太过宠爱我，显得她有些逊色。妈妈总喜欢提我的糗事，有一次，我居然会因为妈妈抱着弟弟睡，而在床前站半宿。关键那个时候我虽然妒火中烧，但嘴里仍在说："我不困，你们睡，我看着。"原来我从小就那么黏妈妈。

有一次做梦，梦到自己回到了战争年代，村里人都死了，敌人把竹签插进我的指甲里，逼我说出妈妈的下落，后来我发疯一样找妈妈，哭得昏天暗地，醒来枕头湿了一大片。从那以后我特别害怕失去妈妈，一想到这件事就撕心裂肺地难受，像梦里一样。

妈妈很喜欢讲故事，小时候我天天缠着妈妈给我讲，长大以后才发现很多故事都是妈妈自己编的。

我想我现在写小说也是受妈妈的影响。每次看完我写的东西，妈妈都意犹未尽地叹息道："写得真好，我为什么就写不出来呢？！"

妈妈是典型的双子座，喜欢和别人打成一片、无拘无束、心神不定、善变、喜欢新鲜事物……每次我讲这些双子座的性格特点时，妈妈总是头点得像小鸡啄米一样："没错！是我！就是我！"

某天晚上，妈妈一脸满足地说："我觉得我的星座挺好的，无忧无虑，永远18岁！倒是你们处女座，活得很累！我觉得有时候你在装小孩，而我却在努力地扮大人。"我抱住妈妈说："我好羡慕你啊！每天都那么Happy！""没关系！和我在一起你就会开心啦！我就不相信凭我这三寸不烂之舌逗不乐你！"妈妈有"女版范伟"之称，平时说话就像单口相声，加上我小姨，就是范伟和赵本山同台演出了。

我喜欢这样的妈妈，带点儿神经质的乐观，总是没心没肺地开怀大笑。

可是，刚开始北漂的时候，爸爸偷偷告诉我，妈妈两周没睡好了，总担心我吃不饱、穿不暖、睡不好。无意中听到妈妈对姥姥说："我现在才知道牵挂一个人是什么感觉，心被撕扯着，特难受。"

我的心酸酸的。

想起小时候，我最喜欢静静地拥抱妈妈，很安静，很美好！说不出的幸福！在外漂泊的日子，妈妈总说很想我，每次离开家，妈妈都可怜巴巴地说："咱俩还没亲够呢！"

记得刚去海南上学的第一个假期，妈妈问我："你想不想我啊？这么久没见了！"几年前的我，满脑子都是梦想，野心勃勃，居然没有想家的念头。见我没有吭声，妈妈抱住我："我知道，你肯定想我的，我天天想你，你怎么可能不想我呢？你想我时怎么办啊？"这是妈妈最爱问的问题。我的答案永远是："打电话啊！看你的照片！"现在想来，我和妈妈比一般的恋人还要肉麻！

后来，为了妈妈，我决定回家发展，妈妈知道后，开心得像个孩子。

现在，我和妈妈每天在一起，成了无话不谈的好朋友。有一天，妈妈突然一本正经地说："我现在有点儿理解你们这一代人对爱情的执着了！"我哑然失笑，饶有兴致地听妈妈讲隔壁小姑娘的传奇爱情，讲她自己对爱情的理解。没想到，妈妈比我还相信爱情。

前几天妈妈去姥姥家，第二天就吵着要回来！小姨不解，极力挽留妈妈。妈妈不好意思地说："我担心我的宝贝女儿啊！"小姨笑道："拜托，这么多年人家自己走南闯北，你没管她，不照样好好的？"妈妈委屈道："以前我也想管，可是离那么远我够不着啊！现在就在我身边，我要天天看着她才安心！"

我也是天天看着妈妈就很开心，很幸福！

从未像喜欢妈妈一样喜欢一个人！

（写于2010年母亲节前夕）

我曾如此嫌弃我的父亲

■ 苏小昨

去年写《请对最亲密的人保持尊重和耐心》时，我曾恬不知耻地把自己和妈妈之间相处的小事当作正面案例来分享，因为我一直非常自信地认为，自己是一个对父母一直保持尊重和耐心的孝顺孩子。

然而，自从今年父亲不远万里从山东到中山帮我带孩子后，一切悄然发生了变化，我竟然成了自己文中的反面教材，真是狠狠地打了自己的脸。

女儿出生后，我做了两年全职妈妈。不甘寂寞的我，带孩子之余，坚持写文章，虽然看上去很励志，也写出了几篇传播量比较大的文章，但我却因为熬夜和压力太大，患上了严重的失眠，身体各方面的机能也在下降。还不到30岁，头发居然白了好多，皮肤越来越敏感，脾胃虚弱，整个人脾气也暴躁了很多。

父亲心疼我，便提出来帮我带孩子，让我安心创作或者出去找份喜欢的工作。

我非常开心地想，终于可以走出全职妈妈的悲摧生活了，等待我的将是幸福、快乐、潇洒的日子。

万万没想到，我和父亲已经将近十年没在一起生活了，两个人的生活方式和习惯已经截然不同，形成了难以逾越的鸿沟。

而这道看似难以逾越的鸿沟，曾让我如此嫌弃我的父亲。

父亲从小过苦日子过来的，生活非常节俭，我第一次带他去超市买菜，一看大白菜一斤四五块钱，他简直吓坏了，不停地念叨："天啊！在咱们老家五块钱可以买十几斤大白菜。"于是，他说啥也不让买，就这样拎了几根特价的胡萝卜回家了。

从那天起，我们连续吃了一周的胡萝卜，吃得我眼睛都红了。

第二周开始，换了花样，特价的白萝卜，又连续吃了一周。

每次往他兜里塞钱，让他多买点儿新鲜蔬菜时，他都一脸担忧地说："你工作这么辛苦，孩子他爸处于创业初期，哪哪都需要钱，我得给你们省着点儿花啊！"

和朋友吐槽这件事时，朋友笑我："你傻啊？你可以周末去超市买下一周的菜放冰箱里，你爸不是怕浪费吗？你买那么多，不吃就会变质，他自然就乖乖地吃了。"

我觉得朋友的话非常有道理，拉着先生去超市买了几大包菜。

结果，每天晚上下班回家，菜还是满满的一冰箱，也不见少。

我发现只要我和先生不回家吃饭，他们祖孙俩就凑合，吃白粥，凉拌黄瓜。

后来，冰箱里的菜、鱼和肉都慢慢变了质，每次当我非常生气地想要扔掉时，父亲就慌忙阻止："这肉和菜都好着呢！没坏，你们不敢吃，我吃！"当时我就怒了："拜托，您吃坏了肚子也是要去医院的好吗？"

为了省钱，父亲还坚持手洗衣服，每次他洗衣服的时候都会把两岁多的女儿放到电脑前让她看动画片，女儿看得不亦乐乎，父亲洗得辛辛苦苦。

父亲洗衣服为了省水，每次冲洗时用水都少得可怜，而且只冲两遍。

我担心他洗得太辛苦，还担心他洗不干净，再三叮嘱他不要手洗衣服，多次苦苦劝说都无果。

我一出门，他还是偷偷手洗衣服，于是我只好换种说法："拜托，别再手洗衣服了，太辛苦，万一把你累着了，我弟弟不跟我玩命啊！"

父亲边吭哧吭哧地洗，边气喘吁吁地说："我现在天天在家闲着，又不干活，又不赚钱，再不洗洗衣服，还能干点儿啥啊？"

我很无奈，我要怎么告诉他，水费不值钱，电费不值钱，孩子的眼睛看坏了就麻烦了。

小姨家的小表妹，就因为家长放纵看电子产品，以致眼睛非常敏感，一遇强光就"啪嗒啪嗒"流泪，而且眼睛干涩，总是不停地眨来眨去。去了很多家医院检查，费了很大劲，花了一万多元才治好，我真担心女儿也把眼睛看坏了。

我似乎得了育儿焦虑症，每天担心孩子的各种问题：担心她都两岁了，还不会自己脱裤子尿哗哗；担心她明明已经会吃饭了，还要赖皮让姥爷喂；担心她养成了吃手指、咬嘴唇等很多坏习惯……

我以为我的焦虑和我全职在家有关系，我想我可能太年轻，全职在家，无法控制自己的情绪，于是我决定出来找份工作。

很多老板看了我的简历后，都很疑惑地问我："你为什么不在家全职写作呢？出来工作可能会影响你的创作哦！"

每次我都会非常文艺地回复道："好的文字是感悟生活后，情感的自然流露。所以对于写作来说，生活和工作都是我灵感的源泉！"其实我心里无比抓狂，再不出来工作，我们全家都变成兔子了！

有一天傍晚，我拖着疲惫的身躯回到家后，发现屋里并没有开灯，女儿坐在桌前看着电脑，父亲在旁边看着手机，幽暗的蓝光映在他们脸上，有点儿诡异，我心中的怒火立马就蹿上来了！我有些失控地冲女儿吼道："天天就知道看动画片，再看下去眼睛就瞎了！""啪"，我冲过去一把关上了电脑。

女儿吓得哇哇大哭。父亲慌忙藏起手机，不知所措地说："刚打开一小会儿而已！"

我皱着眉头问他："爸，为什么不打开灯呢？我都跟你说了多少遍了，电子产品在黑暗中发出的蓝光最伤眼睛了，真的会瞎的，你看你的眼睛红得吓人！"

父亲揉着红红的眼睛说："这不是想着给你省点儿电嘛。"

我强压着怒火，无语。

打开冰箱，看到爷俩中午又凑合吃昨晚的剩菜，我彻底崩溃了。

我歇斯底里地喊道："拜托你，不要再给我省钱了好不好？我每天如此辛苦地工作，晚上熬夜赶稿子，就是想让你和女儿吃得好一点儿、穿得好一点儿。你们天天吃剩饭，还手洗衣服，连灯都不敢开，那我每天拼命奋斗还有个毛线意义啊？"

父亲低下头，嗫嚅着说："我就是看你每天熬通宵写文章太辛苦了，所以才想着尽量给你省点儿，让你别再那么辛苦。"

我哭着说："我不怕辛苦，不怕累，就怕你和女儿过得不好啊！"

第二天，弟弟给我打电话说，父亲老泪纵横地向他哭诉，都怪他没本事，没能赚太多钱，所以我现在才会如此拼命，如此辛苦。

当时我不禁泪如雨下。想了很久后，我找到父亲，推心置腹地和他说："我很喜欢现在的工作，而且也很喜欢写文章，做自己喜欢的事是不会觉得辛苦的，反而周末在家休息，不工作不写文章时会觉得各种不适应。所以，无须为我担心，只需要帮我带好女儿就可以了。如果想要帮我，就在手机上下载安装微信，没事转转我的文章，给我点个赞，写个评论啥的。"

父亲忙不迭地应允。

为了让他能在饮食上多改善一些，我向他撒娇说："我现在好怀念小时候你给我做的那些好吃的，好想吃红烧排骨、清蒸鱼、红烧肉。"父亲笑成一朵花："好，想吃啥跟爸说，爸给你做！"

现在父亲每天绞尽脑汁、变着花样给我们做好吃的，衣服偶尔也会手洗，但会带着女儿一起洗衣服，一起拖地，顺便教她数数。

每次我写出新文章，父亲都会第一时间给我转发、评论、打赏。父亲每次评论都很认真，语言优美而且押韵，一看就是反复推敲斟酌过的。

父亲曾经是一名乡村教师，年轻的时候还自考了农业大学。从小到大，他都是我非常崇拜和敬仰的人。

虽然对于妈妈来说，他并不是一个好丈夫，但他对我和弟弟的爱却是满满的，甚至都溢出来了。

有了女儿后，我把所有的精力和关注都放在女儿身上，凡事力求完美，把自己搞得心力交瘁，同时我因为焦虑，竟然曾经如此嫌弃我的父亲。

对于我的焦虑和狂躁，先生曾经苦口婆心地劝我："爸爸他一个大男人做成这样已经相当不容易了，扪心自问，我都没有那么好的耐心带孩子。你自己也带过孩子，也知道带孩子是一件多么不容易的事情，所以放轻松一点儿，不要把神经绷得那么紧。凡事都慢慢来！"

育儿的焦虑让我变成了自己曾经最讨厌的那种人，对最疼爱自己的父亲，我习惯成自然地不懂礼貌，不会温柔，忘记感恩，不是大呼小叫、不停抱怨，就是懒得搭理。我似乎忘记了，我除了是一个妈妈，还是一个女儿，一个妻子，最重要的是，我还是最美好的自己。

我为自己曾如此嫌弃父亲而感到万分羞愧和内疚。或许我应该翻开自己写的文字，仔细反复阅读一下："其实老人最渴望得到爱的返养。不仅仅是丰厚的赡养费、价值不菲的衣服，他们还渴望得到子女的尊重和耐心对待。渴望你把他们当作拉着衣角不愿离开的小时候的你。如果可以，只是10年，20年也好。"

这个世界上根本不存在不可逾越的代沟，关键看你有没有耐心，愿不愿意一点点地用理解和尊重抚平它。

昨天先生问我："父亲节给咱爸买什么礼物好呢？"

我笑着说："你看着表现呗！"其实我心里非常清楚地知道，父亲节，给父亲最好的礼物就是多一点儿陪伴、尊重、耐心和理解，用爱填满彼此之间那看似不可逾越的代沟！

（写于2016年父亲节前夕）

姥爷的眼泪

■ 苏小昨

姥爷是一个积极、开朗、乐观向上的人。俗话说："男儿有泪不轻弹。"因此，即使在曾经吃不饱、穿不暖，人人看不起的苦难日子里，也未曾听说姥爷流过泪。但坚强的姥爷却为我流过泪，而且哭得像个孩子。每每想起此事，我的心里就像打翻了五味瓶，特别不是滋味。

我读大二那年，爸爸意外遭遇车祸，虽然侥幸保住了双腿，却在床上躺了整整一年多，妈妈寸步不离地照顾爸爸。肇事者家里也穷得叮当响，在我家索要赔偿时，竟气急败坏地说："要钱没有，要命一条！"就这样，老实巴交、心地善良的父母放过了他们，自己承担了巨额的医药费。

爸爸是家里的顶梁柱，他这一病，家里突然没了经济来源，巨额的医药费让我们家的经济一下子陷入极度紧张中。懂事的我，主动提出来不再管家里要生活费。我信心满满地安慰爸妈，刚刚获得了一等奖学金，那些钱可以支撑我一年的生活费。

当然，勒紧裤腰带的话。

很快就到了学期末，尽管我精打细算，奖学金还是所剩无几。于是，我决定利用暑假去打工，赚下个学期的生活费。那时，姥姥、姥爷和爸妈都非常希望我能回家。因为，每年暑假是海南最热的时候，他们想让我回家避避暑。

那年暑假，大姨几乎每天都和我视频，不断地催我回去，细心的大姨发现我每天都吃馒头，便问我："为什么每天都吃馒头，没钱了吗？"我满不在乎地说："食堂都放假了，现在只有馒头吃。"

大姨非常心疼地说："你看你，天天吃馒头，都瘦成啥样了，不到九十斤了吧？"我故作轻松地笑了笑："我喜欢吃馒头，我现在九十四斤呢！咱脸大，壮面儿！"

一向坚强的大姨，忽然"吧嗒吧嗒"地掉起了眼泪："你还是赶紧回来吧！我看着好心疼，你要不回来，我就给你姥姥姥爷打电话，让他们催你回来。"

据姥姥回忆，大姨关掉视频后，第一时间给姥爷打了电话。那天姥姥和姥爷正在棉花地里拾棉花，接到大姨的电话后，姥爷突然蹲在地上哭起来，"呜呜"地哭得像个孩子。姥姥吓了一跳，赶紧跑过去问姥爷怎么了。

哭了好大一会儿，姥爷才抽泣着说："她大姨说，小珂……现在好可怜啊！吃不好、喝不好，瘦得皮包骨头，都不到八十斤了。她那大高个儿，不到八十斤，得瘦成啥样啊？想想都觉得好可怜好心疼！"

姥姥不停地安慰姥爷："小珂也不是小孩子了，她会照顾自己的，别担心了！"就这样，劝了好一会儿，姥爷才平静下来。听说因为这件事儿，姥爷难过得好几天都吃不下饭。

那年暑假，我自然没有回去。因为那时的我像打了鸡血一样，不停地做兼职，竟从来没觉得有多苦，一想到能为家里分担一些困难，反而无比骄傲和自豪。

不过，当我听说姥爷因为心疼我，大哭了一场，而且难过得好几天吃不下饭时，我还是没能忍住，号啕大哭起来。我把自己关在厕所里，打开花洒，任由眼泪肆意流淌。

其实小时候的我，非常内向，不善言辞，又笨头笨脑的，所以一直以为自己是姥姥不疼、舅舅不爱的那种倒霉孩子。

不过，有一天妈妈突然告诉我，在我们孙子辈中，姥爷最看好的竟然是我。

小时候弟弟比较调皮，天不怕地不怕，而偏偏有些怕我，因为我总是拿出一副老大姐的派头，苦口婆心地给他上思想教育课。看来，我这好为人师的臭毛病是与生俱来的。

当姥爷看到柔弱内向的我，竟然搬个小板凳，头头是道地给顽皮的弟弟上半个小时的思想教育课，简直惊呆了！从那以后，他总是忍不住和家里人感慨："这个小妮子，不简单啊！有前途！"

得到姥爷的称赞后，我受宠若惊，要知道，我可是一直在不断的否定中长大的。于是，为了能让姥爷更加以我为傲，我马不停蹄地努力着。

妈妈说："你最让姥爷感到骄傲和自豪的事，不是把他和姥姥的故事写成微小说，并把它们变成铅字，而是生了一个活泼可爱的女儿，让他荣升为老姥爷，感受四世同堂的幸福和喜悦。"

姥姥说："得知你怀孕的那天，你姥爷高兴地唱了一天，不停地和我说：'我们终于有重外孙女叫我老姥爷啦！'"

或许是上天冥冥之中注定的，生完孩子刚满十二天，孩子他爸等到了他梦寐以求的创业机会，为了能给孩子一个好的成长环境，我选择无条件支持他。

于是孩子刚满月，我就风尘仆仆地带着孩子回到山东姥姥家。我们祖孙四代，在那个小山村度过了非常珍贵的一年。我之所以说非常珍贵，是因为姥姥总说："你从小到大也没有在姥姥家住过整整一年啊！而且今后，更没有机会住那么长时间了。这一年，无论对你、对孩子，还是对我和你姥爷，都是弥足珍贵的！"

姥爷是一个非常勤快的人。夏天时，他每天四点就起床，然后下地干活，不到八点就赶回来给我们做饭吃。

姥爷毕竟七十多岁了，心脏也不太好，他每天起那么早，我非常担心他的身体。于是，我想尽办法严格控制姥爷的作息时间，每天像唐僧一样，不停地念叨老年人起床过早的危害性。

姥姥说："有一段时间，姥爷居然很害怕你。总怕你管着他，起早了都蹑手蹑脚静悄悄的，生怕你知道。"不过姥爷很开明，总和姥姥说，我之所以管着他，是关心他、心疼他，他备感欣慰。

姥爷虽然是"40后"的人，不过思想却很超前，接受新事物的能力超强，我们之间几乎没有代沟。

譬如，我们经常一起追韩剧。有时，我也会问他爱不爱姥姥之类的矫情问题。姥爷诚实地回答："我们这个年纪的人，哪懂得什么爱不爱啊，不过，你姥姥长得那么漂亮、有文化、个子又高，她跟我一辈子，我觉得很知足，简直是我八辈子修来的福分。"

我开玩笑说："那也就是说，姥姥是你心目中的女神喽！那你以后可得对心爱的女神好点儿，你看你们多幸福！一起风风雨雨走过五十年。现在的年轻人想熬到金婚多不容易，简直比西天取经还要难呢！"

"为什么？"姥爷不解地问。

我一本正经地说："因为现今社会信息太发达，诱惑太多，唉，有谁能保证一辈子只对一个人好呢？"

姥爷说："我就一辈子只对你姥姥好，从来没有和她吵过架，也没有骂过她，你看我对你姥姥多好！"

姥爷当然是说谎，因为即使是现在，他也会经常和姥姥拌嘴。每每此时，我都会故意说："拜托你们，能不能不要在我面前秀恩爱？"

"秀恩爱？"姥姥和姥爷都很纳闷。

"对！就是秀恩爱！你看你俩多幸福，每天都有人陪着磨牙拌嘴，我简直要羡慕死了！我想找人吵架拌嘴，琪琪爸爸都忙得没空搭理我呢！所以，你们一定要好好珍惜对方，为了照顾我的情绪，不许秀恩爱啦！"姥姥和姥爷被我说得不好意思，自然也不再吵下去。

说来也巧，琪琪打小和老姥爷比较投缘。刚来时，琪琪才四十多天，正是最爱哭的时候，每次只要琪琪一哭，老姥爷过去和她说说话、唱唱歌，她就不哭了。对此，姥爷的解释是："可能我的外形和她爸爸有点儿像。"

姥爷每天下地干活回来，第一件事就是跑到琪琪床前，抱抱她，给她唱歌。

慢慢地，琪琪长大后，姥爷最喜欢干的事就是推着琪琪满村子里转，然后非常自豪地给别人介绍："这是我的重外孙女，我的第四代传人！"听到别人夸赞琪琪长得漂亮、聪明伶俐、乖巧可爱，姥爷笑得合不拢嘴。琪琪似乎特别喜欢和老姥爷去兜风，出去整整一下午，也不会找我。有了姥爷帮忙带孩子，我着实轻松了很多。

我和姥爷姥姥一起陪着琪琪成长，有欢笑、有快乐，当然也有泪水和烦心事。

在一个依然饱受重男轻女思想束缚的小山村，像我这样带着孩子住在姥姥家的，简直就是奇葩一朵，自然少不了闲言碎语，指指点点，更有甚者，还当面指责我们。

那些替姥姥和姥爷打抱不平的"好心人"大义凛然地指责我非常不孝，竟然让七十多岁的姥姥姥爷帮我带孩子，同时还嘲笑姥姥姥爷天生没福分，一辈子劳碌命，接这种吃力不讨好的烂摊子。

曾经一度因为这些闲言碎语，我陷入严重的产后抑郁中。姥姥和姥爷不停地开导我："甭搭理他们，那些人天天吃饱了没事干，就喜欢张家长李家短地替别人瞎操心，他们永远不知道我们和琪琪在一起有多幸福。我们七十多岁了还能帮你带孩子，说明我们身体硬朗啊！我们开心还来不及呢！"

不管怎么说，村里人的指指点点还是加速了我的离开。正所谓人言可畏。年轻的时候，姥姥和姥爷因为只生了四个女儿，没有儿子，一辈子被村里人嘲笑"老绝户"。我不想姥姥姥爷七十多岁的高龄了，还要因为我白白忍受村里人的指指点点。

得知我们要离开后，姥姥姥爷非常不舍，但天下没有不散的筵席，离开是迟早的事情！

去珠海之前，我带着孩子在城里住了一个月，准备邮寄行李，买车票。

临行前几天，姥姥姥爷来送我们，一个月没见面了，琪琪伸着小胳膊要老姥爷抱抱，还把小脸贴在他脸上，紧紧地搂住他。我看到姥爷和姥姥都红了眼圈，泪水在眼眶里打转。

姥姥强忍住泪水说："你们走了以后，我们心里别提有多难受了，天天想琪琪想的啊！就像有什么东西在撕扯着心。你姥爷晚上睡醒一觉，嘴里还叫琪琪呢！说实话，你姥爷心里比我难受得厉害呢，平时琪琪最黏他嘛！"

姥爷在一旁偷偷抹眼泪儿，琪琪的小脸蛋紧紧贴着老姥爷的脸，还不停地拿小手给老姥爷擦眼泪。而我，也被这一幕感动得眼泪夺眶而出。

姥爷虽然已经七十四岁高龄，身体却依然十分硬朗，经常趁我和姥姥不注意，爬上屋脊，健步如飞。爬个树杈、翻个墙头，更是不在话下。

姥爷经常说："我可得好好锻炼身体，我还期待着五世同堂的那一天呢！五世同堂，多帅啊！对吧？"看来，姥爷把这五世同堂的愿望，寄托在了重外孙女琪琪身上。所以，小琪琪要快快长大哦！估计到时候姥爷又得喜极而泣，那可是幸福的泪水啊！

（写于2015年元宵节）

姥姥的牵挂

俗话说："养儿一百岁，长忧九十九！"这句话在姥姥身上体现得太淋漓尽致了！七十多岁的姥姥，这一生为了家里老少四代人，牵肠挂肚，操碎了心！

姥姥的一生命途多舛，刚出生不足满月，妈妈就去世了，十三岁的时候，和她相依为命的爸爸，也永远地离她而去！从此聪明伶俐、学习成绩出类拔萃的姥姥便辍学了，跟着叔叔一家，过上了寄人篱下的生活。生活的苦难、命运的坎坷，虽然让姥姥屡受挫折打击，但姥姥并没有悲观消极地怨天尤人，反而坚强、积极、开朗、乐观向上地面对残酷的生活。姥姥经常告诫自己："不能轻易掉眼泪！"老姥爷去世后，无论再苦再难，姥姥真的没有再掉过眼泪！

不到二十岁，姥姥便出嫁了。在那个吃不饱穿不暖的年代，姥姥的叔叔能收养她五六年，已经是莫大的恩慈！当然，姥姥对此也一直心怀感恩，待自家叔叔婶婶如亲爹娘，几十年来，她和她叔叔家的堂姐妹亲如一家人！姥姥从小到大一直教育我们，做人一定要懂得感恩！因为，这个世界上除了你的父母，没有人有义务一定要对你好！所以，别人对我们好，一定要心存感激，正所谓，滴水之恩，当涌泉相报！

自从嫁给姥爷后，姥姥便开始了一生漫长的牵肠挂肚！姥爷是一个心无城府、单纯善良、任劳任怨、心直口快的人，在一个大家庭里，这样的人最受欢迎，但也很容易得罪人！谨小慎微的姥姥，总是担心姥爷的心直口快会得罪人，也担心单纯实在的姥爷会被别人欺负。从姥爷早上出门，到晚上下工回家，姥姥的心，始终是悬着的，好像被什么东西拉扯着！在人情场里，姥姥更是担心姥爷会说错话，总是提高一百八十分的警惕，随时准备为姥爷圆场。用姥姥的话说就是，这一辈子，为姥爷操碎了心。不过姥爷并不领情，他反而觉得姥姥天天在意那么多，活得很累，经常劝姥姥，不要想太多，凡事不要看得太重！

姥姥这辈子生了四个女儿，在那个备受重男轻女思想束缚的年代，因为没有儿子，姥姥姥爷一辈子被村里人嘲笑"老绝户"。在姥姥的四个女儿中，最令姥姥牵挂的就是我妈！妈妈是四姐妹中结婚最早的！爸爸的身世和姥姥有些相似，尽管那个时候爷爷家一贫如洗，因为同情爸爸，姥姥还是坚持让不满二十岁的妈妈出嫁了。爸爸结婚前是个书呆子，家务和农活都很外行，妈妈结婚时年纪又小，因此一到农忙的时候，俩人就开始手忙脚乱。每每此时，姥姥比我爸妈还要着急上火，忙动员家里的亲戚和邻居自带干粮去我家帮忙！这一帮，就是十几年！爸爸和姥姥一样，爹妈去世得早。没有婆婆和妯娌帮忙，妈妈一怀孕就搬到姥姥家住。我和弟弟都是在姥姥家出生的。我出生时是我家最艰难的时候，再加上我妈年纪小没经验，我到六七个月的时候，骨瘦如柴，吃什么吐什么，没办法，妈妈把我送到姥姥家养，一直到后来弟弟出生。以前没有生孩子时，对于这些我都没有什么概念，只是脑海里会有这样的记忆，我和弟弟都是在姥姥家出生长大的。那时的我，根本无法体会带大两个小孩需要花费多大的精力，操多少心。小时候，我就经常想："我要快快长大，长大后好好工作，努力赚钱，好好孝敬姥姥，让姥姥少操点儿心，多享福！"

上大学时，我不顾家人的反对，选择了千里之外的海南。年少轻狂的我，压根儿没有想过，我的固执会让姥姥为我牵肠挂肚。听妈妈说，姥姥每天晚上7点半都会守在电视前，准时收看中央电视台的天气预报，非常关注海南的天气变化！刚入学没多久，海南就刮起了几十年来最大的台风，学校里停水停电，我们被困在宿舍里，和外界失去了联系。姥姥看天气预报和新闻得知海南刮台风，赶紧发动全家人和我联系。三天后，学校通电，家人终于和我联系上了。妈妈说："这三天全家人都担心坏了，尤其是姥姥，每天担心得吃不下饭、睡不着觉！"当时拿着电话，我有些自责，为什么要跑这么远，让姥姥为我牵肠挂肚！

毕业后，我还是没能安分守己地停下脚步，不停地穿梭在一座又一座城市，而姥姥则追随着我的脚步，随时关注我所在城市的天气变化，不时地提醒我添衣减衣，注意出行安全。

2012年，我再次北漂。7月中旬，北京下起了一场特大暴雨，很多人被困在雨中，北京变成了汪洋大海。那天晚上我正在睡觉，被姥姥的电话吵醒："我看新闻说北京下了特大暴雨，你没出门吧？这种天可别随便出门，注意安全！"我一边安慰姥姥，一边自责，我可真够粗心大意的，怎么没想起来给姥姥报个平安！

2013年，琪琪爸爸去了珠海，姥姥又开始关注起珠海的天气变化，不停地和我念叨，海边城市，雨水多，你可一定得嘱咐他出门随时带着雨伞。看到天气预报说珠海刮台风有海啸，赶紧催我给琪琪爸爸打电话，询问安全情况。听到他平安，姥姥这才放心。

琪琪出生以后，姥姥又多了一个牵挂的人儿。刚出满月，我就抱着琪琪回到姥姥家，一住就是一年多！七十多岁的姥姥，操劳了一辈子，又帮我带起了孩子。姥姥总说："你们娘俩真要去了珠海，我又得牵肠挂肚的，现在好了，琪琪能在我身边长大，我也安心多了！"姥姥倾尽全力地传授我带孩子的经验，毕竟是隔了两代人，难免会有代沟。每次意见相左的时候，姥爷总是劝姥姥说："时代进步了，年轻人有自己带孩子的方法，我们要相信科学！"

冬天的时候，姥姥总担心买的棉袄棉裤不保暖。因为糖尿病和老花眼，即使戴上老花镜，姥姥也看不太清楚，不过姥姥还是坚持给琪琪做了小棉袄和棉裤。姥姥的针线活格外精致，细心的姥姥还考虑到色彩搭配，红色的袄面是特意求来沾喜气的布料，里层绿色小苹果的柔暖面料是姥姥心爱的衬衫，扣子是精致的对襟盘纽。当我看到如此精致的小棉袄和棉裤时，心中满满的感动，不禁泪崩！姥姥把爱和牵挂都缝在了小棉袄和棉裤上！

姥姥上了年纪以后，开始慢慢信奉菩萨，每月初一、十五都会买供品，虔诚地供奉，给菩萨磕头，求她保佑全家人健康平安，甚至连每天喝茶水都不忘先浇奠！家里人都说姥姥信得太过痴迷，劝她不要这么累！每次姥姥都欲言又止，喃喃地说："你们都不懂！"是的！大家都不懂姥姥的心思，我懂！每次听姥姥虔诚地求菩萨保佑全家男女老少平安的时候，我都在想，姥姥这是在寄托她的牵挂！她在想，自己年纪大了，有心想帮儿孙却力有不足，于是她把满腔的爱和牵挂寄托在菩萨和神明身上。姥姥有时也会叹气说："我老了，现在，我能做的只有这些了。因为爱得深，牵挂太多，所以太痴迷！"

别看姥姥有点儿小迷信，也没上过几年学，却是一个非常爱学习、爱看书，积极进取的人。姥姥最爱看的节目就是中央台的《新闻联播》、齐鲁电视台新闻、中央台的《中国成语大会》和《中国汉字听写大会》。每次姥姥看《新闻联播》，姥爷都会取笑姥姥："咱家里人的心你都操不完，还关心国家大事？"姥姥每每此时就说："你啊！一辈子没心没肺的，啥都不关心！人要是只知道吃喝，啥也不在乎，天下发生什么事也不闻不问，那和傻瓜有什么区别呢？"姥爷笑道："你啊！一辈子就是个操心的命！"

姥姥虽然七十多岁了，但背不驼、腰不弯，身板格外直挺，一米六五的大高个儿，利落的短发，穿着干净讲究，怎么看都不像七十多岁的老太太。当然，姥姥至今也还不能接受自己已然成了老太太。她总说："我可得好好锻炼身体，我还期待着五世同堂的那一天呢！五世同堂，多美啊！想想都醉了！"我想，到那时候，姥姥牵挂的人就更多了！

姥姥这辈子，操了太多心，受了太多累，牵挂太多，享福太少！真心希望，姥姥今后能少牵挂别人，多爱惜自己！

（写于2015年母亲节前夕）

爸爸的好吃的

■ 苏小昨

微博上说，吃货都有一个特点，就是总喜欢把"食物"叫作"好吃的"。我承认自己是一个不折不扣的吃货。爸爸的好吃的，真的很好吃。

小时候家里穷，没钱买糕点，爸爸就亲自动手给我和弟弟做各式甜点。其中最让人垂涎三尺的就是芝麻饼。不知道爸爸是从哪儿学来的，还是自己独创的。

每次爸爸决定做芝麻饼的时候，我和弟弟都会搬个小凳子坐在旁边，看他和妈妈忙乎。爸爸先把家里种的生芝麻拿平底锅炒一下，炒到焦黄时再盛出来，然后把白糖放在锅里熬化，倒入炒好的芝麻。来回翻炒一下，最后倒进平底盘里，沿着盘子磨平，等到芝麻冷凉了，香甜美味的芝麻饼就做好了。

因为芝麻和白糖都是非常昂贵的东西，而且做芝麻饼也特别费油，所以每次爸爸只做一盘，然后分成四份，一人一小块。我和弟弟每次吃完，都意犹未尽地舔舔盘子上的糖渣渣。

那时，我们觉得芝麻饼就是世界上最美味的食物了。虽然后来也见甜品店里有卖芝麻饼的，但是完全没有小时候爸爸做的香甜。

爸爸特别喜欢做月饼，而且还研发了两种月饼。一种月饼小时候吃过几次，不知道爸爸怎么做的。就记得爸爸得意地指着既像烧饼又像包子的东西说："你们看月饼里面不是有红丝绿丝嘛，咱的月饼也有，红丝是红辣椒丝，绿丝是绿辣椒丝，还有花生核桃仁。"那个月饼给我留下的最大印象就是很甜。好像除了爸爸介绍的那些东西，剩下的主要原料就是白糖。真是好甜好甜的月饼啊！

不久后的一天，下着淅淅沥沥的小雨。我中午放学后，没有看到爸爸在做饭。找了一圈，我发现爸爸在饭屋，烙饼的平底锅上躺着一个千层厚的圆饼，大约有盘子那么大。我问爸爸："这是什么好吃的？"爸爸兴奋地说："这是我刚发明的月饼。这次的月饼比上次的好吃哦！我总结了上次的经验教训重新做的。"然后和我弟弟坐在旁边眼巴巴地盯着月饼。结果，一个小时过去了，月饼还是没有好。

在此期间，我和弟弟一直喊饿。爸爸不好意思地说："失算了，这次不该弄那么厚。不熟吃了会拉肚子的，再等会儿。"我和弟弟下午上课的时间马上到了，没办法，爸爸就把月饼弄了出来，我和弟弟一人一半。我忘记了那个月饼是什么味道，只记得还是不太熟。爸爸说他已经烙了大半个上午了。

两次的失败经历，让爸爸对做月饼彻底失去了兴趣。后来爸爸把矛头指向了炒糖，就是现在的江米条。在我们家，中秋节的主角就是月饼和炒糖。爸爸的炒糖是成功的，香甜酥脆，比超市里卖的江米条好吃多了。这次的成功，让炒糖成了我们家的常客。

在此期间，爸爸还研究出了炸花生。先把花生炸熟，再放进面粉、鸡蛋、白糖和好的糊糊里。炸出来的花生外焦里酥，香香甜甜的，别提多好吃了。

还有一种丸子，也是相当美味啊！把地瓜蒸熟以后，去皮，放在盆子里弄碎，放入白糖、少许面粉和鸡蛋拌匀，然后用小勺子一块块地弄到油锅里炸到金黄。做法类似做南瓜饼，但是比南瓜饼、烤地瓜、香芋卷要好吃很多倍呢！

后来我上了高中，住校，一个月才能回家一次。当时我特不习惯，食堂里的饭可没有家里的好吃，最重要的是没有家里爸爸做的好吃。

记得那时候刚入学没多久，有一天我听到班主任喊我的名字，说有人找我。我扭头一看，居然是爸爸。我特别紧张，心里像揣着小兔子一样，怦怦直跳。爸爸看到我，先是寒暄了两句，紧接着就打开了随身带的大包。我一看，全是好吃的。炒糖、花生粘、丸子、小黄鱼，还有一种我叫不上名来的鱼，细细长长的，像面条一样。爸爸说："这是面条鱼。"爸爸临走时，嘱咐我要吃好喝好，以后会经常来看我。我抱着那一大包好吃的，在同学们羡慕的目光中，走回自己的座位。

爸爸果然没有食言，几乎每周都来看我，每次都会带很多好吃的。有时候，宿舍里的同学比我还着急。"哎，你爸爸怎么还不来啊？我们都想念你爸爸的好吃的了。"

高中三年，爸爸雷打不动，按时去给我送各种各样的好吃的。大部分是他自己做的，也有在外面买的烤鸡、烤鸭、炸鱼之类的。总之，一有什么好吃的，爸爸就会给我送去。那时候我觉得自己就像一个被宠坏的小公主一样。每次爸爸给我送好吃的时，我都感觉到同学那种万分羡慕的目光，同时我也感到十分骄傲和自豪。

这段幸福的时光，让弟弟也嫉妒羡慕。弟弟曾经多次酸溜溜地说："你看爸爸对你多好啊！你上高中他几乎每周都去看你，给你带大包小包的好吃的，而我高中三年就只去了三次，还是两手空空去的。"为了让弟弟心理平衡，有时间我也买了好吃的去看他，结果弟弟幽幽地说："虽然都是好吃的，心情不一样啊！爸爸的好吃的是自己亲手做的，而你是在超市买的。爸爸还是最疼你啊！"

大学离家远，只有放假时才能吃到爸爸做的好吃的。南国的食物总是不对胃口，总是让我格外想念爸爸的好吃的。毕业工作后，到处跑，饥一顿饱一顿的，早早地就把胃给熬坏了。再想吃到爸爸的好吃的，比以前更难了。远水解不了近渴，我也开始做一些好吃的。先后研究了红烧大虾、红烧带鱼、糖醋辣椒、油焖茄子、红烧豆腐、酸菜鱼……竟然也博得朋友的一阵叫好。

去年十一回家前，朋友一边狼吞虎咽地吃着我做的红烧大虾，一边问："你爸爸妈妈吃过你做的红烧大虾吗？一定要做给他们尝尝，太好吃了。"我心中突然内疚了起来，是啊！还没有给爸爸妈妈做过好吃的呢！十一回家，我自告奋勇地给妈妈和姥爷做了红烧大虾，超常发挥，妈妈和姥爷赞不绝口。当时想着，等爸爸回来，一定要做给他尝一下。

等到过年的时候，终于有机会给爸爸露一手，我小心翼翼地按照自己创造的步骤精心做着红烧大虾。其间，爸爸不停地催我："好了没？快饿死我了！为了吃你的大虾，我中午都没怎么吃饭。"我学着爸爸以前的口气说："再等会儿，马上就好！"后来，爸爸饿得实在受不了了，没等大虾的汤汁收好，就盛了出来。妈妈吃了一口，皱着眉头说："没有上次做的好吃呢！"我看了爸爸一眼笑道："火候还没到呢！爸爸饿了，提前收锅了。"爸爸头也不抬地专心吃着大虾："我觉得挺好吃的啊！可能是我太饿了！"为了弥补大虾的不足，我又做了一道红烧带鱼。看着他俩吃得有滋有味，我心里别提多高兴了。

现在的我时常怀念爸爸的好吃的，芝麻饼、炒糖、花生粘、丸子、各种炸鱼，还有那两次没有成功的月饼。其实我不是一个爱吃甜食的人，但是我还是很怀念爸爸那些美味的好吃的，因为那里面满满的全都是爱，填满了我的心，暖暖的。我要做多少好吃的，才能填满爸爸的心呢？

如今，我也经常会为爱人做一些好吃的私房菜。而且还会酸溜溜地说："亲爱的，我对你的爱都埋在了这些好吃的里面呢！"

（写于2012年父亲节前夕）

评点 作家的作品之所以动人，在于她的叙事能力极强，一串串的细节娓娓道来，流畅得如同小溪，悄悄地流进你的心里。在这本作文教材中，你能清晰地感受到这种能力，这些文章叙述了她的感悟和心得，愿每位读者读完都能有所收益。

主人的一天

我是一部国产手机，名字叫作华为P10。我的主人是一名中年男子，微微秃顶，鼻梁上架着一副厚厚的玻璃片眼镜。

早晨，我总是比我的主人先起床。"Balabalabala……"每天六点四十分，我都会"一展歌喉"。主人被我吵醒，他睡眼蒙眬地从床上爬起来。他抓起我，眼睛几乎没睁开，就滑开屏幕看消息。主人看了看新闻，然后打开游戏签到。折腾了大概十分钟，他才懒洋洋地下了床。

他把我丢在床上，穿上拖鞋，但刚走了一两步，就若有所思地折回床边。他弯下腰，从床上拿起我，左手紧紧握住我。

他进了更衣间，把我丢进宽大的口袋里。他换好衣服，洗漱完以后套上外套，背上背包，就出门了。一路上，主人的视线就没有离开过我。下楼的时候，他用社交软件与同事闲聊，聊聊昨天晚上干吗了，周末去哪儿玩啦，未来的计划啦，如何一展蓝图啦，反正他们俩都在吹牛，他还花了十分钟来浏览新闻。我的主人是个"游戏控"。他打开流量，打开最近很火的5V5公平对战手游《王者荣耀》。主人早已成为王者荣耀老司机，他玩的英雄韩信达到了秀翻全场的水平。不过，主人今天运气不太好，连续匹配的几盘排位赛，他遇到的队友都很坑人。挂机的挂机，网速慢的网速慢。主人似乎很生气，一路上不停地爆粗口："你们这群垃圾……"主人怒气冲冲地走到车站，他一只手伸进背包里，拿出一条塑料包装的面包，撕开就啃。主人完成这一系列动作时，可从没把眼睛动一下，注意力一直集中在我身上。

主人乘公交车去了公司。他依然目不转睛地盯着我，唯一一次抬头是上楼梯时。走到办公桌前，他终于放下了我。但主人和我似乎藕断丝连，每隔十分钟，他都会浏览一次网页。

从早上六点四十分到晚上十一点三十七分，主人一共打开我八十六次，其中浏览网页占了两小时四十三分，玩游戏占了三小时十一分、社交软件占了一小时八分，其他软件占了两小时十五分。

我如同恶魔一般，源源不断地吸食着主人的灵魂！

评点 视角独特，以手机的视角来写手机对我们的侵蚀，主旨深远。

沉默是金

李宗盛曾经说过这样一句话："这世界是如此喧哗，让沉默的人显得有点儿傻。"

古人云："沉默是金。"可当今社会沉默便会吃亏，是常人眼中无能的表现。

首先，沉默并不等于无言，它是一种积蓄、酝酿以及薄发的过程。就如同拉弓蓄力，为的是箭发时能铮铮有力，直冲云霄。

战国时，楚庄王继位三年，没有发布一条法令。左司马问他："一只大鸟落在山丘上，三年来不飞不叫，沉默无声，为何？"楚庄王答曰："三年不展翅，是要等羽翼丰满；沉默无声，是要观察、思考与准备。虽不飞，飞必冲天；虽不鸣，鸣必惊人！"果然，第四年，楚庄王听政，发布了九条法令，废除了十项措施，处死了五个贪官，选拔了六名贤士，于是国家昌盛，天下归服。楚庄王不做没有把握的事，不过早暴露自己的意图，所以能成就大功业。这正是"大器晚成，大音希声，不鸣则已，一鸣惊人"！

其次，形式上的静止，并不代表思考的停滞。相反，深邃的思想正是来源于那看似沉默的思考过程。有的人喜欢夸夸其谈，将并不成熟的思想过早地说出来。这样，对于他自己，是失去了进一步思考、提高的机会，使本来可能很有价值的想法，随口溜走了。而对于听的人，由于说者的滔滔不绝，很容易忽略了其谈话的重点及思想的核心，随耳一听罢了。还有的人因为说话前缺少足够的思考和语言的组织，造成词不达意或逻辑不清，反而影响了感情的交流，真是欲速则不达。记得一次，正当我说得眉飞色舞之际，一个朋友对我说："你知道人为什么有两只眼睛、两个耳朵，却只有一张嘴吗？为的是让人多看、多听，而少说。"

沉默是无声的语言，有一种埋藏在深处的震撼力。沉默可以积蓄力量，有力量的人更多的是以沉默的方式表现出来的。

沉默是一种气度，只有沉浸其中，才能体味到它的价值。

评点 结构严谨，语言生动，很多语句富有极深的哲理。

搬运工的女儿

夜色，愈浓。

一位女士踏着月色回到了家。推开门，又推开门，一个女孩子可爱的脸映入她的眼帘。

"女儿睡了。"女人笑笑，接着拉开了女孩的书包，从里面抽出一张试卷。

"我的宝贝女儿真棒！"女人笑了，"又是满分！"

随便翻了翻试卷：第一大题，满分；第二大题，满分；第三大题，满分……

女人露出了微笑。

第七大题，扣了一分。

"嗯？"女人疑惑起来，窗外的月光洒在试卷上，显得试卷上的"-1"异常明显，"老师算错了？"

女人仔仔细细地开始看这一题：请为下列物品及其对应的重量连线。

女人往下看去，物品是纸、砖、手机；重量单位有：145克、4克、5斤。

怎么扣了一分呢？女人想着，这题很容易啊。

清冷的月光照在试卷上。女孩的答案是：纸，5斤；砖：4克；手机：145克。

这么简单都会错？怎么这么粗心？！女人眉头紧皱，憋着怒火，纸怎么可能5斤？！砖怎么可能4克？！两个换一下不就可以了吗？怎么这么笨！！

女人往下看去，最后一题是作文。题目是："你一定很爱你的家庭成员吧？伟大的爸爸，慈祥的妈妈，可爱的兄弟姐妹……请以'我的

（ ）'（填家庭成员名字）为题，写一篇不少于300字的文章。"

女孩的题目是：我的爸爸。

"我很爱我的爸爸，他是我心中最爱的人。

"我的爸爸是个搬砖工。我每天看他大汗淋漓地回来，就会很心疼。他跟我说：'爸爸每次搬的砖都很重，所以爸爸每次都很累。'我多么想让他搬的砖轻点儿啊！那样他就不会累了，就不用那么辛苦了。那些砖哪怕是轻一点儿也好啊……

"爸爸搬砖很辛苦，所以我要好好读书，以后帮他挣钱，这样他就会开心了！"

女人看完了，愣在了那里。半晌，她明白了女儿为什么连线会错——她只是想要父亲轻松点儿！

女人又看见了老师的评语："作为老师，我很感动！你很有孝心，给你加一分！"

——这就是女孩为什么会得满分的原因。

女人颤抖着把试卷放回女孩的书包，无声的泪水倾泻而下。她坐到了女孩的床边，脸上流着泪，手颤抖地抚上女孩的脸，嘴里低声喃喃着：

"女儿，你长大了。"

夜色，已深。

评点 小作者手法极其巧妙。结构上，以夜为线索，布局精致。主旨上，虽未直面写父女之情，但感情真挚，感动每位读者。语言干净洗练，流畅如潺潺的小溪。

我真想让温暖绵延下去

"嘶——"手肘碰到床架，冻了一个激灵，我眯着眼睛看着身旁的输液架，药瓶里的液体顺着管子流进了我的静脉里，针口总是一阵阵疼痛。

父亲忽然动了一下身子，床"吱嘎"响了一下，父亲微胖的身子起身似乎有些艰难。父亲披着棉军衣，臃肿得有些可笑，缓缓地走过来："爸，疼。"我轻轻地说了一句。父亲不作声，坐在我床边，从我的被窝里掏出我的手，他的眉头皱了皱，又将我的手放进棉被里，小声呢喃着："唉，都肿了。"父亲走到窗前，将窗户拉开一条小缝，又对我说："爸出去一下，你再睡会儿。"便消失在病房门前了。

我不是一个很快入睡的人，一旦醒来了，便再也睡不着了。我撑着双手，想用力挺起身子，可早上的眩晕让我不得不放弃。旁边病床上的姐姐，推了推床边的丈夫，又看了看我，向我露出那阳光般的笑容，真美丽。男人有点儿呆呆的，"哦哦"地站起身子，轻轻地托着我的身子，又将枕头放在我身后，靠好我的身子。我才说完"谢谢"，谁知男人的衣角刮倒了床头柜子上的杯子，他又呆呆地笑了，我和姐姐看着他，也笑了。

洗漱完毕，觉着无聊，我便穿过过道，看到6号房的盛盛向我挥了挥手，笑着说："姐姐，早上好！"我向盛盛的妈妈道了声好，便坐在了盛盛的床边。"下午是我最后一次手术！医生说我很坚强！还有，我可以不用全麻了，可以省些钱喽……"可爱的盛盛高兴地向我报喜。我摸了摸他的脑袋，笑了笑，又是一阵酸痛。阿姨有些哽咽，看着盛盛后脑勺的白纱布，又望着他的笑容，转过身，不知是哭还是笑。盛盛大声地说："妈妈，不要哭了，女孩子哭不好看的！出院后我期末考试考双百好不好？"阿姨笑了笑，说："好，盛盛真棒！"盛盛一咧嘴，又笑了。

"盛盛，过道里就你声音最大喽。"父亲拎着一袋什么东西，还冒着热气，又对我嘀咕着，"又乱跑。"父亲掏出一个马铃薯，用小刀切了一小片，轻轻撕开我针口上的胶布，把马铃薯片放在伤口上。"捂着，消肿。"父亲又掏出几个红薯，分给阿姨，那热气飘上了天花板，好像一切都变得这么温暖。

看着他们，好想就这样让时间凝固。

评点 真情其实无须惊天动地，以小见大，还原生活，足以令人动容。

我真想单纯

成长，是否意味着内心裹挟的黑暗？

——题记

阳光，树影，清风，蝉鸣。

我，年幼的我，坐在开阔的天井里，扑闪着清澈的眼眸看外婆洗衣裳。外婆的手最巧，衣袂翻飞，在柔光的抚摸下像只唯美的蝶。我闲不住，两手抓一把泡泡自得其乐。

把手环成一个圈，轻轻地往里头吹气，泡泡便大起来。刚开始的泡泡漂亮无比，总能轻巧地飞起来，后来却不行了，往往迅速破裂，"啪"地打我一脸肥皂水。我哭丧着脸，外婆掐掐我的鼻子，说："傻孩子，稀释了太多的肥皂水吹成的泡泡，当然脆弱啦……"我不答，却呆呆地望着满手彩色的小泡泡，怅然若失。

一个夏接一个夏，整个小城都因为聒噪的蝉鸣燥热起来，没有人知道那隐在浓密树丛中歌唱的蝉换了几代传人，而黑暗的兽却悄无声息地蛰伏在渐渐长大的孩子的心里，昔日单纯的目光已晦涩起来。

走进小区，已是夜晚，月朗星稀，我却无意观赏。

"叮咚！"电梯到了，我抬脚步入。"等等！"后面传来一声喊叫，我提着两大袋日用品，背着一个硕大的书包，低声咒骂着按下开门的按钮。一股夹杂着泥沙和木屑气味的热气，随来人充斥着整个梯厢，我忍住鼻息打量来人。

矮小的身材、蓬乱的头发、肮脏的衣服……哦！那张纵横着汗水和灰尘的脸！我的天啊，我认得他，是对面那家的租户，家里还有个与我年龄相仿的女孩。我默默地往离他远点儿的地方挪去，顺便把两袋日用品放下歇歇。

"要我帮你提吗？"他望过来，眼睛亮亮的。我立马戒备起来——互不认识，谁知道他安的什么心！于是我抬抬眼睛瞪着他，默不作声。一时间，四处静默。

"叮咚！"电梯到了，我一个箭步冲出去，还不忘瞪了他一眼。身后的人却急了，大喊："哎！哎！"我置若罔闻，心里却有点儿莫名忐忑。

次日出门时，一个女孩儿提着一袋东西早早地在门口候我，说是我落在电梯里的……

我默然，却突兀地想起儿时五光十色的泡泡，它们是否带着单纯离我远去？知世故而不世故，是我想要的单纯！

评点 诗般语言，叙事生动，驾驭语言的能力真强！

我真想陪你白头到老

亲爱的陈女士：

你好！时光荏苒，光阴似箭，一眨眼过去，我们已经相依为命了十五年。

十五年前，你忍着剧痛把我生了下来，给我喂奶，为我洗尿布，哄我睡觉，无怨无悔地为我付出你宝贵的青春。你那白皙的双手变得皲裂，你那美丽的面孔长出了皱纹，你那乌黑的秀发开始变白发，但你从没抱怨过，总是对我笑脸相迎。

我五岁时，你离婚了，带着幼小的我回到了你的故乡——台山。你重操旧业，干起了会计的老本行。当时的亲戚对你冷眼相待，你却什么也没说，默默地承担起独自照顾我的责任，供我吃，供我穿，供我上学，把最好的一切都给了我，尽管当时的我让你操碎了心。

上了小学，我的数学一直是你的一块心病。你说你从前数学是全校第一，为何我的数学总是不及格。你送我上补习班，给我买练习册，但一点儿效果也没有，我们最终大吵了一架。后来因你的道歉，我们和解了。你说过我们要像朋友一样，这也正是我用"你"而不是"您"这个称谓的原因。小升初时，我的数学还是考得一塌糊涂。

上了初中，我的数学奇迹般地好了起来，并且名列前茅。你每天笑盈盈的，皱纹也舒展了许多。不错，不错，这才像个三十三岁的女人嘛！你升职成为财务经理，我也如愿以偿地当上了历史课代表，我们的生活过得越来越美满，春天好像赖在我们家不走了！

如今，我在考场上迎接中考，脑子里想的不是文言文，不是古诗词，而是一直陪伴在我身边的你。你的一个眼神、一个动作、一个微笑，都深深地印在我的心里。我真想陪你白头到老，永不分离！

　　　　　　　　　　　　　　你的宝贝闺女：嘉嘉

　　　　　　　　　　　　　　2016年6月20日

粤剧传情，一曲终，一人远去

　　寒风起，卷落了两片枯叶，却带来多少人的哀愁。

　　熟悉的拐角，熟悉的老屋，熟悉的电视机播放着熟悉的粤剧。若可以，我希望这有着五百多年历史的粤剧能永远留在这个世间。

　　"奶奶，你跟爷爷是怎样认识的？""哈哈，我跟你爷爷是在看粤剧时认识的。年轻时村里常有戏班子来演出，我跟你爷爷每次都去看，而且每次都坐在一起，也不知道那老头子是不是故意的！"

　　爷爷奶奶热衷于看粤剧，以至于每日午后两人都一起拿着小板凳坐在电视机前，仿佛那小小的电视机承载着他们的人生。小时候的我并不喜欢那"咚咚锵锵、咿咿呀呀"的声音，甚至可以说是厌恶。爷爷奶奶却总是沉迷于那种"咚咚锵锵、咿咿呀呀"的声音中，忽略我那急于求食的哭声。难道粤剧就有这么大的魔力吗？在数次抗议仍不见成效后，我终于学会了静静地等待粤剧的结束，但那粤剧似乎从不曾结束过。

　　后来，在一个萧瑟的秋天里，爷爷被查出肺癌晚期。爷爷静静地坐在病床上，与奶奶一起看着粤剧。那天以后，奶奶奔波于医院与家的路上。早上五点从医院回家，熬两个小时的瑶柱粥，再匆忙赶回医院和爷爷一起边看大戏边吃粥。爸爸妈妈常劝奶奶："医院的食堂就有粥卖，不必这么操劳。"而奶奶也总把头扭到一边，倔强地说："老头子就爱边吃我熬的瑶柱粥边看戏！"看着电视机前日渐消瘦的两个背影，我突然觉得那"咚咚锵锵"的声音不再让我觉得厌恶。

爷爷终究扛不过病魔的折磨倒下了。收到医院发来的病危通知单时，爸爸赶到了医院，把爷爷接回了家。爷爷刚进家门口，便要奶奶打开电视，坐在他的旁边一起看粤剧。

一曲终，一人远去。

爷爷去世后，奶奶并没有我们所担心的那样悲伤，她只是一个人静静地坐在电视机前。有时看到精彩处时，她伸手刚想抓旁边人的手，而后似乎意识到了什么，又沉沉地放下了。日复一日，年复一年，小小的黑白电视机换成了大大的彩色电视机……

而奶奶也总会轻轻地说一句："唉，没有以前的好看了！"是粤剧变了？不，是身边人不在了。

病魔似乎仍不满足带走了一个人的生命，又是一个萧瑟的秋天，爸爸手里拿着化验报告单，"肺癌晚期"四个字刺痛了我们的心。奶奶平静地躺在床上，偏头看向正在播粤剧的电视，嘴里喃喃道："老头子，我快要下来陪你了。"

又是一曲终，又是一人离去。

十二年来，奶奶的生活未曾远离过粤剧。若可以，我多么希望这粤剧永远不会结束。

五百多年历史的粤剧，诉说着多少人的故事，寄托着多少心愿……

评点 一曲终，一人远去。又一曲终，又是一人离去。二十来个字，可见小作者是多么高明。以粤剧为线索，贯穿全文，文章毫无瑕疵。

一个陌生人教给我的爱

爱，无色无味，看不见又摸不着，却又无时无刻不充溢在我们身边。正是因为有爱的存在，世界才如此美好。

从前，有一对生活在海边的夫妇，他们常年以捕鱼为生。女人非常喜欢吃鱼头，而男人喜欢吃鱼尾。每次吃鱼，女人总是把自己喜欢吃的鱼头让给男人，而男人也总是把自己喜欢吃的鱼尾让给女人。他们默默地把对彼此的爱埋藏在心底。

其实，爱也并不全都存在于恋人或是亲人之间，有时或许会是一个陌生人。

八岁那年，我转到了一所离家较远的小学上三年级。因为离家远的缘故，来回学校都是要骑自行车的。那次放学后，我骑着自行车行驶在回家的路上。路边两排青翠的白杨向后踊跃而去，微风送来一阵阵凉爽。

突然"咣啷"一声，车子就走不了了，我赶忙下车查看，原来是车链条掉了。我从路边找来一根小木棒，试图把链条挂上去。可任凭我怎么努力，那淘气的链条就是不上路。我失落极了。不知道是临近傍晚还是怎么的，天空似乎笼罩着一层灰蒙蒙的云翳，连路边的白杨都好像在嘲笑我似的。望着面前这空旷的小路，我只好迈着灌了铅似的步子推车往前走。

不一会儿，迎面过来一个收废品的老汉。他穿着一件破旧的汗衫、一双老布鞋，头发已白了大半，一道道皱纹镶嵌在他黝黑的脸上，他脚下蹬着的是满载废品的三轮车，还"嘎吱"作响。他看到我，停下来问："妮儿，咋了？车子坏了？让俺来看看。"他一手抠住链条往轮盘上挂，一手转动脚蹬，瞬间就把链条给挂上了。老汉得意地笑道："俺年轻的时候啊，就学过修车，没想到这老了老了，手艺还行呢。哈哈。"看着老人慈祥的笑容，我心里充满了感激，却没能说出一句谢谢。他蹬着三轮车又"嘎吱嘎吱"地向前驶去，直到消失在路的尽头……

现在想来，我心里仍对那老汉有一丝愧疚，没能当面跟他说声谢谢。其实生活中有太多像老汉一样默默付出爱心的人，正是因为有这样的人存在，世界才如此美好。

愿我们生命中有更多的爱，来造就一个更加美好的未来。

评点 在选取素材时，卑微人物给人的心灵碰撞更大。一个收废品的老人给予我帮助和关心，我却羞于说声谢谢。选材很有创意，主题鲜明。

那只猫教会我的事

冬天里一有阳光，猫咪便从各个角落钻了出来。

我的生活仿佛也被南下的冷风瞬间刮入了冬季，总是渴望独立却屡屡受挫。周末回家便缩到房间，本希望过个愉快的"一人世界"，却被母亲的"问候"频频打断："你怎么又在玩电脑啊？网上很多垃圾信息的知道吗？""我又不是小孩子了！"我总是很愤怒地顶撞她。

怒气冲冲地来到花园里，一只身上有斜纹的花斑猫突然蹿过我的脚踝，跳到不远处的一片阳光里。它尾巴高耸，脚后跟抬起，步伐轻盈敏捷。我打小就喜欢猫，于是跟着它闲庭信步，想知道它去哪里。只见它迈着小碎步穿过花园里的人行道，身子忽而弯成弓忽而拉成直线，躲开呼啸的汽车、纷乱的脚步，然后跃出高墙。我急忙跟上去，恰好看见它与另一只猫反复周旋，夺下了一大块食物。在冬天的阳光里，它的胡须微微上翘，一脸的自由与得意。

我对这只莫名熟悉的猫充满了羡慕，一个小小的愿望开始在我的心中膨胀，我也要像这只猫一样自强独立。

初三的生活总是只能苦中作乐。然而，乐却迟迟不来。那次的田径训练，我在蛙跳项目上落后于他人，不慎摔倒。膝盖摔破了一大块皮，血珠不慌不忙地渗出来。伤口有些疼，我却不愿意去医务室消毒。我要坚强，我皱着眉反复告诫自己，这点儿小伤痛对"独立"的我来说算不了什么。

不承想，在一节体育课之后，伤口竟开始化脓。令人恶心的黄白色黏液聚集在膝盖上，又痛又难受。回家后母亲发现了这处伤，不容我挣扎，立刻给我消了毒又敷上云南白药。我从沙发上望出去，天空阴沉，不禁愤愤地想，离独立又远了一步。

到花园里散心，一户一楼的人家阳台上传来阵阵猫叫，我好奇地探了探头，竟是上次那只斜纹花斑猫！它躲在肆虐的寒风之中，整个身子埋在靠垫里，只露出一双光芒迥异的眼睛。它是只家猫！我心里的失望像潮水一样反复荡涤。这时，它的主人从里屋出来，端着一碗热气腾腾的牛奶，放到它的面前。它伸出舌头飞快地喝完了，合上眼皮，胡须微微上翘，肚子里逐渐发出舒服的"咕噜"声。

原来，令我振奋敬仰的它，竟是只家猫吗？它一点儿也不独立自主吗？

它突然醒了过来，看着我，伸出舌头，不知是表示安慰，还是其他什么意思，舔了舔我的手，那是最粗糙也最柔软的猫舌的亲昵。我慢慢想到，这只猫，它有光顺的皮毛，跃上高墙的矫健的腿脚，与其他猫打斗时锐利的爪子。而它在优渥的环境里仍然能够自力更生，不依赖于他人的馈赠，反而懂得恰当地保护自己，时刻明白自己想要的是什么，这才是真正的独立吧。

在校期间发了次烧，我不再逞强而是去了趟医务室，乖乖地把药吃下去，终于在三天之内痊愈。回到家时母亲问我这周如何，我笑了笑说："都好了。"

我那曾经在寒风里瑟瑟发抖的小小心愿，随着窗外从云缝间露出的阳光，似乎已经达成了。

评点 出其不意的构思，通过观察一只猫，让作者从中受到了启发，这是文章的亮点。

我最"坏"的朋友

她是我最"坏"的朋友，曾经与我形影不离，也曾经让我"恨之入骨"。后来，我似乎又从她的变化中悟出了什么……

2009年，我们俩因为一次偶然的机会成为同桌，因为都热爱美术的缘故，我们俩真可谓是相见恨晚，时常在课下一起绘画，一起学美术知识，日子过得很快乐!

2015年下半年，我们俩又幸运地进入了二中的同一个班。因为刚入初中，杂乱的副科知识让我十分烦恼，不知如何学起，常常花费大量的时间来背副科，所以，主科成绩一落千丈。而她，不知怎的，上了初中以后竟然进步飞快，不但缩短了我和她之间成绩的差距，还逐渐超过了我。那次放学后，我因数学只考了80多分而悲伤不已，一路上无精打采，我以为在我身旁的她一定会耐心地安慰我，没想到她却大声说："你怎么这么笨，这么简单的数学题都不会，以后还指望学什么？我都考了112分，你怎么考的……"她突然发生的变化让我很震惊，我从未想过一个我视为知己的人竟会那样说我，我哭着跑回了家。不知怎的，我的心很痛。

以后的每一天，她都在我面前"炫耀"。我越来越讨厌她，她总是在我最悲伤的时候来打击我的自尊心，我就发誓：一定要好好学习，一定要超过她！后来，她不是眉飞色舞地喊"还是我最棒"，就是趾高气扬地叫嚷"我永远是最出色的"。我却每天都在争分夺秒地学习，那种"我要超过她"的信念愈发强大！终于，在期末考试中我以总分只差她一分的成绩紧随其后。放学后，她又摆出那副高高在上的样子，我一冲动，说出了那句憋在我心中很久很久的话——"绝交"。我含着泪把她一人丢在了校门口。

　　当晚，她给我打电话，我犹豫再三才接通了电话。"干吗？"我不耐烦地说。"同同，太好了，你终于接电话了！"电话那头传来她兴奋的、甜甜的声音，可此刻这种声音只会增加我恼怒的程度。"同同这个名字是你能喊的呀？有什么事快说！"我气急败坏地说。"我知道你现在一定很生我的气，但请你听我把话说完。之所以上了初中以后我天天在你面前炫耀，是因为我从一本书上看到了一句话：一个人有了争胜心才会有很大的进步。于是，我就想着在你面前'炫耀'，让你的成绩能进步快一点儿，我并没有什么恶意。每次鼓起勇气说出那些刺激你的难听话并看到你哭时，我的心都在滴血，看着你一天天地疏远我，我更是十分难过。这些话我原本并不打算告诉你，为了你的进步，你怎么恨我都无所谓。但是我不想失去你这个知己呀！呜呜呜……"此时，电话线这端的我也早已泪流满面。那个曾经最"坏"的朋友，竟然在一心一意地对我好，我却丝毫未发现，我好傻……

　　如今回想起来，她真的好"坏"，坏得我忍不住掏心掏肺去爱她！

　　评点 题目足够给人惊吓，这是构思上最大的亮点，恰恰是这样，为文章增色不少。

外婆的乡音

摇啊摇，摇啊摇，摇到外婆桥——

似水的流年，时间的沙漏，行人的脚步，蹉跎的梦想。

记忆的碎片渐渐地拼凑在一起，童谣把思绪带到了内心深处，那里有饼干、玩具、棒棒糖，还有外婆、故乡、冬阳、诗和远方……

小时候，母亲工作繁忙，每周都要带我去外婆家几趟，外婆家是我最向往的地方，那里有吃不完的零食、听不完的童话和唱不完的儿歌。

刚上一年级，父亲病了，腰痛得很严重，于是母亲陪他去医院做手术，把我留在外婆家。我非常开心，终于可以一回家就能到外婆怀里听故事了。

但是不久，老师就说班里要举行亲子活动，让家长和孩子分角色表演。父母都不在家，我只好让外婆和我一起上台表演。外婆那么会讲故事，演故事也一定不会差，我心里盘算着，思绪早就飞出了课堂。

放学后，我把这个喜讯告诉了外婆，外婆也非常开心。

我们很快定好了剧本和角色，外婆还帮我做了人物头像。吃完饭，我们迫不及待地排演起来。

我来扮演小红帽，外婆扮演狼外婆。节目开始，我先来介绍故事背景，然后外婆再来表演。稚嫩的童声拉开序幕，接下来是小红帽和狼外婆的对话。"外婆开门啊，我是小红帽！""来了来了，外婆来给你开门。"外婆嘴里吐出一段普通话不是普通话、山东话不是山东话的奇怪发音，听起来很滑稽，而我却噘起了小嘴。外婆见我不开心，又将刚才的台词重说了一遍，发音却更加奇怪了。我"哇"一声哭了起来。明天的表演怎么办啊，肯定非常丢脸。小孩子伤心，来得快去得也快，不一会儿，在外婆的安慰下，我回房睡觉了。

半夜里，一阵声音吵醒了熟睡的我。门缝里透着一束光，我推门进去，看见外婆正在台灯下练习读音。她故意把声音压低，又故意读得有感情，声音变得更加难听古怪，昏黄的灯光落在她鬓角的白发上，她戴着老花镜，用手指着，一字一顿地读。

我看见了书房的灯，从清晰到模糊的全过程。

第二天，活动如期举行，外婆拉着我的手走上台，开始了表演。她抑扬顿挫的乡音，虽然听着很奇怪，可我觉得这是世界上最动听的声音，外婆和我的表演赢得了雷鸣般的掌声。外婆说："许多年后我还记得那时候你满足的笑脸。"

上初中之后，去外婆家的机会越来越少，就算去了也是吃一顿饭就匆匆离开。但是外婆常常等着我回去，外婆家的零食等着我回去，外婆家的电视机也等着我回去……

时间仍在匆匆流逝，外婆布满皱纹的手携我走过童年，将记忆几度折叠，塞进心底深处的角落。

外婆叫我小宝宝，一个馒头、一块糕……

评点 在描述外婆陪"我"排练"小红帽"的故事时，小作者巧妙地抓住外婆普通话不普通话、山东话不山东话的奇怪发音这一语言上的小细节，通过描写外婆深夜压低嗓音排练到正式表演时抑扬顿挫的奇怪乡音，烘托出外婆深沉的爱。

我曾如此讨厌我的姥姥

■ 郝英舒

她并不美丽，她并不年轻。岁月无情地从她的脸上慢慢划过，形成一道道或深或浅的皱纹，如树的年轮，呈现的是岁月的沧桑之美。在我的记忆深处，有关她的记忆像是一股股暖流，轻而缓地抚过我那微凉的心头。

是的，她，就是我最敬爱的姥姥。小时候围绕在我身边的，就是她那略显苍老却又不离不弃的身影。每当我离开她的视线一定距离后，她都会随即跟紧我，妈妈每每见了都会笑称姥姥是"跟屁虫"，任凭母亲怎么劝说都丝毫不起作用。时间如白驹过隙，总在不经意间偷偷溜走，似风，却又无声。

记得有一次，大概到了小学六年级。那时的我渐渐退去儿时的无知，一点点长大，也开始厌烦起了姥姥的"尾随"。那天是周末，我又在小区里和同学们玩耍，正玩得高兴时，姥姥拿着凳子和扇子蹒跚而来，一边坐着，一边用扇子送来丝丝清凉。我已习以为常，但这次不知怎的，烦躁的心绪蔓延到全身，也许是天热的缘故吧，我心想。

这时，不知谁喊我一句："多大了，还把姥姥当丫鬟使，丢人不？"不知是因为这怪腔的语气，还是因为这个事实，大家哄堂大笑。

随之而来的，是正从我心底徐徐升起的大火，我一把夺过姥姥的扇子，向地上狠狠摔去，眼中含着泪水飞奔离去，任凭姥姥的呼喊声被风湮没……

天渐渐地暗了下来，我独自坐在台阶上陷入深思。虽然是夏天，但微风过处还是夹杂着少许凉意。月光有些暗淡，仿佛月亮还没有完全苏醒。不知怎的，我感到周围静得很，也许我的内心真正地平静下来了。回想着今天的点点滴滴，我有些愧疚，有些委屈。姥姥是爱我的，她给我的爱完完全全表现在行动上，而我不懂她的爱，把这份爱转化成了恨，狠狠地击在她看似强大其实很脆弱的心上，这是多么残忍。但我真的已经长大了，早已不需要任何过度的陪伴和守护。也许在姥姥的心里，我永远是那个调皮的小孩……

天彻底地暗下来，路灯的光静静地洒在大地上。我刚想起身离去，便看到泪流满面的姥姥，她静静地站在离我不远处，嘴角微微抖动，似乎想要说点儿什么，却终究没能开口。路灯下，她的身影清晰地映入我的眼帘。我终于看清了她的身影！原来，一直以来围绕在我身边的那个影子是那么苍老。我猛然一阵心酸，跑过去紧紧地拥抱住她那苍老的身躯……

她，就是我记忆深处的一颗种子，无声地发芽，默默地生长。

评点 从姥姥是"我"的"跟屁虫"到姥姥对我寸步不离的"尾随"，再到夏天为我扇扇子，被人嘲笑"把姥姥当丫鬟使"，小作者巧用生动的描写表现出姥姥对"我"溺爱的小细节。

"溺爱"我的太姥姥永远离我而去了

有些东西，曾埋藏在心中，很深很深。再翻出来，虽有些心酸，但大多还是不舍。

花白的头发，瘦瘦的脸颊，一双炯炯有神的大眼睛与脸上的皱纹极不相称。

那时，在家中，你的年纪最大，我是家中最小的。年龄的差距似乎对我们的关系并无多大影响。你像老小孩，陪我玩耍，陪我度过了儿时最快乐的时光。

你牵着我，大手拉小手，走街串巷，看到有卖糖葫芦的，小小的我瞬间站住，目光聚焦在糖葫芦上，口水早已"飞流直下三千尺"。你似乎感觉到了什么，脚步停下，低头看到我馋猫似的样子，"哈哈"笑了起来，掏出钱，买一串给我，还不忘刮刮我的鼻子。待我吃完，你用手绢擦擦我脸上手上的糖浆，接着带我去逛，笑声洒满一路。

我也不知道怎么了，从小谁的话也不听，只听你一个人的。我有时犯了错，看你一板起脸，就赶忙跑到你怀里，用尽各种方式把你逗笑，然后再长舒一口气。见我这般，你只能摇摇头、微笑。因仗着你，我成了家里的"小霸王"， 爸妈每次生气要打我，我便兔子般飞跑到你身后躲起来。你转过身只在我头上轻轻一敲，说句"小鬼头"，然后对我爸妈说："孩子一不听话就打，这不是教育方法，要有耐心，讲道理，启发小孩改过。"看着我爸妈点头答应，我的脸上出现了一股神气。这时，你把我叫住，苦口婆心地给我讲道理，告诉我如何做人。在你的教导下，我懂得了很多道理。

那是夏天的一个夜晚，虽然我那时也不算多大，但隔了那么多年，那晚的场景仍历历在目。一家人正在吃饭，我正看着电视，听到奶奶叫你，你却没有回答，奶奶顿时慌了，赶忙把爷爷叫来，送你去医院。我也要跟你去医院，可是妈和我被关在家里，我哭闹了很久。你去医院后，就再也没回来。听大人说，你是突发性脑溢血，去了另一个世界。

太姥姥，你就那么安静地去了，连一句话也没说。儿时最好的玩伴离开了人间，你在天国，不知道过得好不好。你在我心中那个最深的地方，没有办法，只能把你与我的点点滴滴，埋藏心里，永远保存。

在我的心灵深处，有你对我的爱以及我对你的思念。

世界上最爱我的姥爷，没了

　　清晨，点点薄雾笼在那一方小屋上，显得那么清雅，却又是那么孤独。站在屋旁，再也没有曾经的欢愉，因为那儿少了一个人，他早已远去。

　　丢下我们，那么孤独，又那么无助。

　　那个冬天，刺骨的寒，侵蚀着我们冰冷的心，面容安详的姥爷静静地躺在他原来经常盘腿而坐的火炕上，那炕那么暖，却再也暖热不了你的身体。姥爷，冬枣熟了啊，不去和我一起再摘回来吗？

　　每个冬天，你牵着小小的我，提着竹篮，深一脚、浅一脚地踩在软软的雪上，你让我哼唱新学的儿歌，声音慢慢回荡在整片田野。曾经一眼望不到边的辽阔，现在怕是早已群楼遍布了吧。

　　清冷的冬日，阳光照在一老一小身上，痒痒的，那只紧握的粗糙的大手，仿佛有着无穷无尽的温度，让我那么安心。到了，那矮矮的枣树，被满满的枣儿压弯了。那时同样矮小的我，竟一伸手就能抓到，摘下来偷偷吃几颗，能渗进心窝的甜。你乐呵呵地笑着，一边说我贪吃，一边细心地摘枣，擦净，放进我的手里，那么大的一片田野，被我们的欢笑装得满满的。

　　一棵树摘完，实打实的一整篮，我竟提不动。那时，冬枣成了我们的家常便饭。

你爱喝酒，便吟着："冬悠悠，清悠悠，不醉不归呵！"悠扬拉长的声调，透露着欢乐、沉迷。你经常让我打酒："妮子，没酒了，打一壶，剩下的钱，随便。"当时一听这话，我就飞快地向小商店跑去，提着一壶酒，吃着一串糖葫芦，特别开心。

我记得，当时你身子还硬朗时，喜欢让我骑在你脖子上，让我看屋顶上的小燕子，那时候觉得，我是特高的高度。

现在你走了，没人带我去摘枣子了，没人让我去买酒了，没人给我买糖葫芦了，没人再给我唱悠扬的歌调了，你的歌声是世界上最动听的声音。

姥爷，你在那边还好吗？会不会冷？还有个小女孩去为你打酒吗？

我最深爱的姥爷，安息吧！

我会用优异的成绩来报答您。

评点　两处细节，两处爱的颂歌。写出姥爷那种洒脱的爱，是我久久不能忘怀的原因。好的细节成就了好的作品，感动每一个读者。

爱逞强的外公

我和他接触不多，算下来屈指可数：第一次五个月长，第二次在相隔十年后我上三年级的时候，再就是每年回一次老家。外公的模样一次比一次变化大，每过一年，甚至分分秒秒，仿佛都能看到脸庞的皱纹张牙舞爪，一点点将汗水嵌入皮肤。

每天，早到鸡没叫，晚到猫已睡，总会有一个佝偻而威武的身影，跨在摩托上，双脚点地往前一点点挪，上一个30度的小石坡，再待轮子在石阶边磕两下，便消失在家门口。一会儿，窗外面寒冷的街，飘来几声孤独的鸣笛。

坐在餐桌上等的位置，他会孤独，看着眼前无数只手，筷子在腾腾雾气里穿梭、扭动，他只会往别人碗中夹菜。

外公真老了，却不愿闲着，他跑到工地找工作，把白发染黑，为了减少人家看他时一脸悲悯的目光，找到搬砖工作便忙活起来。我无意路过，看到他的腰背贴着汗津津的背心，一直弯着。他一直看着地（只有在他一遍遍数血汗钱时，手指跳起舞，嘴角才浮出一丝浅笑），接着轻叫一声，双脚一蹬，腰背一直，手缓缓撑起往后稍稍退了几步，我明显看到外公赤裸的四肢上爬满青筋，他一边低头喘气，一边走小八字，放砖时又轻轻蹲下，一块块挑出来。如此重复，我在一旁愣住了。

有一次，工地老板给他个不太新鲜的西瓜，外公回家时手里提着两个西瓜，一只鹅。大家将那个新鲜西瓜一抢而散后，外公还蹲在角落，解决着那个已经不新鲜了的西瓜。没有人看见，更没人注意，这两天，他总找借口去厕所，切菜时手在轻轻发抖。外公病倒了，知道已无法掩饰，才一五一十说出原委，我看见小舅眼红了，外婆悄悄抹泪，舅爹骂他，骂着骂着出去了。但他依然在笑，笑得如此憨厚。

年过完，我走后不久，外公病愈，大家干脆锁住了他的摩托车，不让他出门。可电话一响，外公就跑了，我想象着大家在搬砖地看到他灼热的背影，泪流满面。

评点 小作者观察细腻，巧妙抓住外公"把白发染黑""偷偷吃不新鲜的西瓜"等典型小细节，烘托出一个闲不住、凡事都为别人着想的好外公。

姥爷的百菜园和花样早餐

去年年底，爸妈工作繁忙，顾不上照顾我，便让年迈的姥姥姥爷照顾我。

姥爷七十多岁了，依然精力充沛。每天神采奕奕的，一点儿也不像七十多岁的人。

在进城之前他种了很多菜，有大葱、白菜、生菜、西红柿、苦苣、丝瓜、长豆角、土豆、胡萝卜、青萝卜、黄瓜，等等，还有很多水果，如樱桃、无花果、杏、桃。

姥姥家就像鲁迅笔下的百草园。

大姨她们都嫌姥爷太辛苦，不让他种地了。

姥爷却说："我种了一辈子地，不让我种地我闲得心慌啊！再说了，城里的菜那么贵，还打了农药，听说黄瓜上还抹了避孕药，为了成色好看。"

小姨她们笑了："那是谣言你也信！抹避孕药成本多高，也麻烦啊！"

姥爷叹了口气说："我老了，我帮不上你们什么忙了，就让我种点儿菜，表达我的心意吧！否则，我不好意思拿你们的生活费啊！"

妈妈和几个姨不禁泪奔。

那不是几篮子菜，那是满满的父爱。

进城后，习惯了忙碌的姥爷突然闲下来，很不习惯，他总是坐在沙发上打瞌睡，整个人都没精打采的。

他最开心的就是五点起来做早餐。

你也许想象不到，我家只有四口人，姥爷居然一天做三顿早餐。我上学早，六点起床，姥爷先给我做西红柿鸡蛋面。妈妈上班七点多起床，姥爷就给我妈妈做疙瘩汤。姥姥最后一个起床，姥爷给她煮鸡蛋熬小米粥。

每天如此，我妈妈很崩溃地问他："为什么要做三次早餐？做一次不行吗？吃面都吃面，喝小米粥都喝小米粥。"

姥爷固执地说："面一放会坨成一团，你们起床时间不同，不能总吃剩饭啊！"

看着我和妈妈无奈的目光，姥爷唯唯诺诺地说："我老了，不中用了。也就给你们做做饭，把你们照顾好点儿。"

我和妈妈瞬间红了眼圈。

自从姥爷来后，我胖了十几斤，我妈妈也胖了很多。

姥爷把他深沉的爱都埋藏在了那些早餐里。我却还嫌弃他，真不该！

直到现在我才知道，姥爷的爱多么无私，多么伟大。

我唯有用优异的成绩来回报姥爷对我的爱！

评点 两处细节描写，刻画了一个闲不住的老人，一心为孩子着想，浓浓的情，胜过一堆堆无效的文字。

你是我的太阳

在成长的过程中，我们会经历很多。有时，这些经历会使我们丢失掉那纯洁的稚嫩，开始一步一步地穿上成熟的外衣。当然，在这些经历中，我们一定会遇到一个人或一件事让我们的生活中充满了照耀着我们的阳光。

写到这里，我不由得陷入了回忆，想到了那年那日那事……

那一次学校有人得红眼病，听说会传染，于是，老师便让同学们回家，当然我也加入了"红眼"的队列中，那时候我才九岁。当我看到老师让其他同学回家的样子时，我被吓住了，于是，我隐藏了"事实"没有回家，可是纸终究包不住火，老师发现了我和一些同学，她把我们大骂了一顿，把我们赶到了一个楼梯的转弯间，之后就怒气冲冲地走了。

于是，我们就在那里待着，由于老师的怒斥已经吓住了我们，所以我们都很害怕，过了好久都没有一个人来看我们。这时我突然感到好冷，外边的太阳一直在火热地烤着整个世界，可是为什么外面这么热，我却如同在冰窖里呢？我不知道。

突然，放学铃响起来了，我顿时松了一口气，以为老师会来，但等啊等啊，直到那可笑的自信消失了我才知道，她不会来了。我只好自己下楼准备回家，可是为什么刚刚还十分炎热的天气，在我出来时转眼冷了下来。学校十分寂静，没有一个人，我走出了学校，曾经热闹的街上与刚刚在学校里一样，我觉得整个世界好像抛弃了我，这里只有我一个人，整个世界都变得阴冷了。正在我难过之际，突然，传来"嗒，嗒，嗒"一阵高跟鞋敲击地面的声音。我一抬头，看见了我一年级的班主任，她也看到了我，她像一个太阳，顿时把我所在的阴冷的世界照亮了，使我有了希望。我一下扑进她的怀抱，老师也看到了我的眼睛，但她并不怕，她安慰我说："不怕，不哭了……"

老师，您是我的太阳！您那一次的出现改变了我，在以后的学习中，也一直激励着我，您使我的世界越来越明亮，您像美好的阳光，一直照耀着我。

评点 这篇文章叙述的虽不是惊天动地的事，但小事却能呈现得很大很重，这就是细节描写的功用。精妙的心理刻画写出了一个小孩子的内心是多么害怕，这种以小见大的手法，是作者细节描写的高明之处。

你能写好记叙文

第一章 × 记叙文的评分标准

你 能 写 好 记 叙 文

很多学生不太清楚自己的作文是好还是差，好到哪里、差在何处，心里没数。如果能有一个标准，让学生的心里有一个大致的衡量，那么可能对学生写作会有很大的帮助。我走上语文讲台已经二十多年了，一直在思索这个问题，该怎样去实施才能让学生易于接受，易于操作。现在，我将标准整理出来，让学生在写完每篇作文后，都可以比对一下，发现自己的不足，给自己一个评分，然后再去完善作文，这样，肯定大有裨益。

我有一条感性的标准和一条理性的标准，感性给自己，理性给阅卷老师。如果学生能以理性的角度去评价自己的作文，那就难能可贵了。

这条感性的标准是把作文评价划为六个等级：

1. 能够选择一件合适的事去叙述。（及格）

2. 能够完整地叙述一件合适的事。

3. 能够优美而完整地叙述一件合适的事。

4. 能够有一定的章法、结构合理且优美地叙述一件合适的事。（优秀）

5. 能够用一定的写作技巧、有一定的章法、结构合理且优美地叙述一件合适的事。

6. 能够有创意地、细节刻画逼真、有意境地叙述一件合适的事。（满分）

最后总结的关键词是：选材、完整、语言优美、章法结构、写作技巧、创意。

我觉得要用最清晰、最简单的语言向学生传达这种写作标准，让他们内心有数，这样才行之有效。

我还有一条理性的标准，它是老师们在考试中评分的标准。可能更侧重于整体宏观上来评分，因为大量的学生作文在差异上跨度很大，如此老师们易于统一。每次考场评分的细节上可能有些差异，但大体上是相同的。

作文等级	评分标准
一类卷 （46～50分）	1. 叙事能力极强，细节刻画传神，画面感极强
	2. 语言形成了独特风格，张弛有度
	3. 意蕴深远
二类卷 （44～45分）	1. 巧妙言说叙事，结构有特色
	2. 语言有自己的特色
	3. 立意很有深度
三类卷 （42～43分）	1. 较巧妙叙事，结构精巧
	2. 语言有韵味
	3. 立意深远
四类卷 （40～41）	1. 完整清晰叙事，结构清晰
	2. 语言优美
	3. 立意正能量

五类卷 （38～39）	1. 初步清晰叙事，结构完整
	2. 语言通顺
	3. 立意还可以
六类卷 （35～37分）	1. 基本完整叙事，结构一般
	2. 语言一般
	3. 立意一般

二　例文具体分析

（一）基本完整叙事，结构一般，语言一般，立意一般。50分满分，≥35分。

例文　爸爸的故事

　　每到夏天，雪糕、冰棍、冰激凌是我最喜欢的零食。帮妈妈打酱油时买一个，上完钢琴课从老师家出来时蹭一个，去叔叔阿姨家做客又是一个……一个夏天不知吃了多少个。妈妈总是说我："又吃凉的。""都是爸爸遗传的！"我反击："不赖我。"我可不是乱说。爸爸小时候特别喜欢吃雪糕，关于这点可是有据可考的。

　　据说，爸爸在上小学的时候没有见过山。有一次呀，学校组织大家去春游，小朋友们呢就特别兴奋。口口相传道："我们要去大城市啦！我们要去看山！要坐大汽车！"我爸爸听了，也特别兴奋，很开心。那一晚，他高兴得翻来覆去没睡着觉。

　　第二天早上五点钟，天刚蒙蒙亮，爸爸就一下子爬起来，背上书包，立刻往学校跑。后来其实也没看到什么大山，就是带他们去公园溜了一圈。可从公园出来时，突然遇到了个小贩嚷嚷着卖冰激凌，冰激凌是什么？爸爸吃过雪糕，吃过冰棍，但是没吃过冰激凌，再加上周围的同学都买了来吃，空气中又弥漫着冰激凌的奶香味儿。于是，爸爸也买了一盒。"好好吃。"这就是我爸爸对冰激凌的评价。爸爸说："那时就感觉这个世界上再没有比冰激凌更好吃的东西了。"又想起自己的弟弟妹妹没有吃过，于是又掏钱买了几个。这一买过来就老老实实往书包里一放，上了车。由于昨天晚上没睡好，所以我爸爸一上车就睡着了。睡着时还不忘抱着自己的书包，因为书包里有带给弟弟妹妹的冰激凌嘛！于是我爸爸就一直用自己的体温，温暖着那几盒冰激凌。可是，冰激凌会化嘛！我爸爸不知道，还一直紧紧地抱着书包。于是等车到了学校，那些冰激凌早就成了一摊水，把书包都浸湿了。

据说我爸爸一直都舍不得洗那个书包，因为在此后的一学期，那个书包中都有着浓浓的冰激凌香味，挥之不去。每当我爸爸饿时总是深深地吸一口气，闻一闻那香甜的味儿，顿时觉得世界都明亮了。

评点 文章写了爸爸童年时买冰激凌放在书包中化掉的经历，叙事还算清楚，语言实在，立意也不错。只是文章缺少一些亮点，比如语言上、结构上、细节刻画上，要再下一些功夫。

（二）初步清晰叙事，结构完整，语言通顺，立意还可以。50分满分，≥38分。

例文 坚 持

坚持，坚持是什么？这个问题挺难回答的。

"又见到雪了啊，好漂亮。"我和我的同学们在一次游学中来到了东北的"亚布力滑雪场"。见到几个大大的雪坡，我们心里没有丝毫恐惧感。导游告诉我们："不用请教练，可以自学成才。"所以，我毫无顾忌地冲上通向"儿童滑雪区"顶端的传送带。来到顶端，教练教会我穿器材后，就闪到一边了。

于是，我开始滑雪了。

"冲啊！"我吼道。只见我双脚一挪，带着滑雪板离开了防滑垫。双手挂着雪杖一撑雪地，滑雪板动起来了！"呼"，大风在我耳边呼啸，可我发觉自己的重心开始不稳了，整个人突然往后倾斜。"哗啦"一声，我带着滑雪板和雪杖重重地摔在地上。

一阵冰凉传来，我立刻清醒了。此刻，我倒在雪坡中间。教练跑过来说："哎哟，你这么摔可不行，让我教你吧。"但这提议被我一口否决了。他让我侧躺着，把别着的脚正过来，还拉了我一把才起来。

没等我准备好，我的重量使雪地与雪板的摩擦力忽然下降，我立即滑了起来。突然，我又开始感到重心不稳了。

"往后仰！"随行的张老师叫道。

事后想起来，我并不确定张老师究竟是不是这么说的，不过当时我就这么做了。于是，我再次倒了下去。这次，我听到的就不只是教练的声音了，还有同学们的嘲讽。

还好我再次爬起来后，就没再摔了，顺利地到达山坡底下。

后来，我又尝试了好几次，但依旧把握不了平衡。在我不知道是第几次爬上山顶时，我看到了林上沣滑雪的姿势——腿半蹲着，身体前倾，他顺利地滑了下去，没有摔跤。万子鸣也告诉我如何在滑雪时停下，要让双脚呈"内八字"，慢慢减速。

"好，我这次一定能成功。"

这次和之前几次就大大不同了。因为我在滑行时，双腿半蹲，身体前倾，雪杖收在身后，以免戳到自己。我发觉自己再也没有重心不稳的感觉了！突然，半路杀出个邱培泰，要撞上了！我的双脚呈"内八字"已在减速，但还是太快了！我使劲增加雪板与地面的摩擦力，让自己停下。只不过，现在和邱培泰只差不到五米的距离了！"哗啦！"在这种情况下，我只好往旁边摔，因为只有这样才能停下。虽然我摔跤了，但还好没和邱培泰撞上，而且这次，我确确实实掌握了平衡。

果不其然，我在接下来的滑雪中都没有摔跤。

这滑雪的过程，应该就是坚持吧。没有这坚持，可能我还会一直摔跤。

评点 叙事完整，首尾呼应，卒章显志，语言比较通顺。不足之处，中间叙事比较平淡，语言不美，内心刻画不细腻。

（三）完整清晰叙事，结构清晰，语言优美，立意正能量。50分满分，≥40分。

例文 回 味

回味似流星，照亮某片天空。

那曾经的六（2）班，仍是我心中最美好的秘密。

"小学就那么点儿时光，为什么要上无聊的课啊！"我们班"举世闻名"的活宝"黄瓜"同志说。"就是就是，像老肖那类的，天天叽里呱啦的，烦……"这句出自我口中的话，被硬生生地咽下去了。没有为什么，就在不远处，班主任肖老大正虎视眈眈地看着我们呢！然而背对着老大的黄瓜并没有意识到什么，仍然一口纯真地说："像老肖这种生物啊，就是要多作死……啊！"黄瓜一声惨叫，被肖老大连根拔了起来，两只爪子在空中摇摆。"腌黄瓜同学，你说我什么啊？"肖老大冷笑着看着黄瓜问。黄瓜立马改口："像老肖啊，就该多保养，难得了青春美貌（PS：班主任已年过四十）。"当黄瓜被放下来的时候，我们都像中弹了一样笑倒在地。黄瓜不解地看着我们，问："我有那么好笑吗？"仿佛过了一个世纪，我终于缓了过来，喘着气说："你裤子上有好大一个洞。"黄瓜尖叫着跑进了厕所。

记得我们班以前不管谁的生日，老师都会送上一份心意，可老师生日我们都不知道。于是，也不知谁带的头，班里成立了一支"搞定老师小组"，找办公室里的老师刨根问底，才知道了肖老大的生日。就在不久前，全班开始倒计时，5天，4天，3天，2天，1天！我们把自己的钱凑起来，给肖老大买了一大束花，44个人，44朵花。终于上课了，肖老大像平时一样进了教室，冷不丁地被我们送上一束花，有些蒙。大家齐声说："肖老大生日快乐！"但肖老大并没有被我们的"肖防演练"吓到，只是平静地说了一句："今天不是我生日。"全班尴尬，有人来了一句："那就提前送嘛！"肖老大："我生日早过了。"全班一听，气温立马下降十摄氏度，某个人说了句："那个，搞定老师小组的过来，我保证不打死你们。"

六（2）呀六（2），为什么你给我摘的流星不够多呢？

你们又傻，

又可爱，

还傻得可爱。

（四）较巧妙叙事，结构精巧，语言有韵味，立意深远。50分满分，≥42分。

例文 初心不变

转眼间，初中生活来临了，它静悄悄地靠过来，把我抱在怀里，用艰难与汗水，铸造着一个新的我。

我在草地上奔跑，但我初心不变，我向往的是我的美好人生。我明白，学习只会造就一个会读书的机器，但我初心不变，为的是某一天我能够飞上蓝天，与白云嬉戏，与日月同眠。

经历过挫折的我，握紧了拳头，打碎了成为书呆子的想象。我要做一个令人喜爱的人，我不希望自己成才后，被人认为只是一个书呆子。我也明白，自己有自己的一片天，我要像雄鹰。但我现在也只是一个乳臭未干的小屁孩，我要努力在雨雪风霜的磨砺下成为一枝独傲寒江雪的梅花。

洋葱、萝卜和西红柿不相信世界上有南瓜这种东西。他们认为南瓜是一种空想。将要成为瓜王的我不说话，静默着发誓，我不求变成最强者，只求大家能认识我。园丁用智慧浇灌我，用挫折锻炼我。总有一天，我将成为一个令人敬佩的人。

可我初心不变，我不放弃，像夸父追逐太阳，如今我坐在明亮的教室里无非就是学习。粉笔在飞舞着，书写着最美篇章，我在此播下种子，它将会在此扎根、发芽。

鲁迅道："凡事以理想为因，实行为果。"所以，行动是唯一能证实真理的，现在的我更要行动。更加重要的是，你无论在哪儿、在做什么，无论如何都不能忘记自己的初心，忘记初心就等于忘记了梦想。就如蓝天少了白云，浩瀚无比的大海少了鱼儿，参天的大树少了葱葱的绿叶，那人生又有何用处呢？

就如上一段开头描写著名文学家鲁迅一样，他的初心又是什么呢？没有异议，对，没有错，就是为人民服务。后来，他成了一名令人敬佩的文学大师，用笔去批判黑暗，唤醒人民。是的，他历经数年都没有改变初心，这是后人赞颂他的重要原因。难道这不值得我们铭记与学习吗？如今，我们可以不像从前的人那样，要跋山涉水、翻山越岭地去上学，我们怎么可以忘记自己的初心而无所作为呢？回想学习生涯已过了六年，我还有多少时光可以浪费？而自己口中说的度日如年，其实也不过是一眨眼罢了。回想自己走过来的路和已经过去了的旧时光，是过得如此之快，又想想自己的所作所为，真的是否跟初心有关，假如现在才开始旅途，还不晚，如果自己放弃了治疗，放弃了历练自己的机会，那真的死马也不可能当活马医了。

而我，作为祖国将来的栋梁，我难道不该好好学习吗？白衣天使是我现在不会变的初心，所以我更加得朝着这个方向去奔跑，努力一步一步地靠近成功。更重要的是，这不仅是我的初心，更是我不可磨灭的梦想。登上成功的高峰想必不能半途而废，就像初心不能变一样。为了成功，少不了的还是毛主席那句刻在心灵深处的话："好好学习，天天向上！"其实，更为简单的，无非是抽几分钟时间来静思一下："我今天浪费过时间吗？"不经历风雨，又如何能长成参天大树呢？作为一只有梦的南瓜，要做一只瓜群之中的瓜王其实很简单：学习新技巧，新本领，就已经能够让你在众多人中脱颖而出，谁不佩服一个全能的人呢?

初中生活,将会让我更加深刻地明白自己的人生方向,记住,只有不忘初心,才能使自己迈向成功!

评点 优点,此文获得纪念孙中山先生诞辰150周年征文二等奖。来到初中,离开了父母,独立生活,独立学习,遇到的难题还不少,还能保持初心,朝着理想努力。文笔成熟,语句细腻,超越了同龄人的老练。缺点是叙少抒多,行文略显平淡。

（五）巧妙言说叙事,结构、语言都有自己的特色,立意很有深度。50分满分,≥44分。

例文　心灵之旅

不知你有没有体会过,翻开一页书、欣赏一首古诗、听一段音乐,就像打开了心扉,打开了一扇门。门可能小家碧玉,也可能大气端庄,却都能带你去到另一个地方。走进这扇门,一个个的文字或符号便幻化成斑斓的色彩,或轻笔细描,或任意泼洒,把世界呈现给心灵去看,去听,去感受。

如果,我翻开一本年代久远的书,有着黄色毛边纸封面的那种,我的心就会去到一座古镇。推开一扇厚重的木门,轻轻拭去门上的薄灰,仿佛抚摸着它苍老的面庞,感受岁月之河的滔滔。我低头注视着古老的青砖,看着时间留下的刻痕,以及那一大片一大片肆意的青草。我还会踱过整个庭院,从樱花树下经过,踏进屋内,听它"吱呀"一声轻咛,然后挥开阳光下飞舞的尘埃,欣赏那庄重的梨花木桌椅。或许，我还要想象一下：曾经某位严厉的父亲，坐在主座上，且看妻儿谈笑风生。那清脆的银铃般的笑声，撩动了樱花，一片片花瓣染透了格窗。

我想，我的心会听到历史遗留下的记忆和心声。

如果，我偶然看到了一条财经新闻，我的心会去到某个大城市，站在高楼的中心，看它们层层叠叠，看每个窗格里西装革履的人，或在电脑前凝神，或在会议室争论。马路上川流不息的车流，广场上绕着花坛奔跑的孩子，都成了在水泥间流动的音符。入夜，灯汇成了海，粉红、浅蓝、深紫……五颜六色的广告灯牌晕染在一起，让人眼花缭乱。无论大街还是小巷，到处弥漫着一股欢乐的气息，几乎没有人休息，大家吃夜宵、唱歌跳舞，或是跟亲朋好友聊聊当前的局势。等彻底安静了，也快凌晨了，很快，早上又热闹起来了。城市永远精神饱满。

我想，我的心感受到了时代的脉搏。

如果我听到了一首悠扬的钢琴曲，我的心会去到某个欧洲小镇。那里有温暖的阳光，五颜六色的屋顶，一年四季盛开的鲜花，独特的自然环境赋予它别致的风景。阳光微斜，穿过了几近透明的绿叶。踏着粼粼光斑，漫步于温暖的午后，跟着一股股或淡雅或浓郁的芬芳，走进一家家香水店。它们的门前，无一例外地栽着鲜花，在风中摇曳。店里，一排排玻璃瓶整齐地摆放着，里面封存了一朵花，盛开得最耀眼时，那迷人的香气，张扬肆意地挑逗着鼻尖每一个嗜香因子。站在山顶上，小镇就像个婴儿，沉眠于花枝的怀抱。那些花的气息，终日围着小镇嬉闹。它们是记录者，记录着小镇每一个可爱、浪漫的日子。

我想，我的心领悟了自然赋予人文文化的风韵。

如果可以的话，我愿意将自己的心放逐。用心灵去旅行，去感受这个世界。看到它的容颜，听到它的歌声，抚摸它最纯粹的美。

评点 想象力丰富，标题有美感，优美的语言，精巧的结构，小作者很有才气。略感不足的是三个片段的排列和选择要精致，先是自然之景，再是历史之厚重，最后是现代之繁荣。由于小作者的生活阅历有限，文章缺少深度。

（六）叙事能力极强，细节刻画传神，画面感极强，语言形成了独特风格，张弛有度，意蕴深远。50分满分，≥46分。

例文　洗　礼

六岁时，爸爸离开了我，我已整整十年没有见过他。

都说这种人不配当爸爸，是啊，这个人，如此不值一提，我的记忆中早已没有了他的一点儿轮廓，我也不该记得他。

我早已习惯了没有父爱的生活，但是我知道，我总痴想着某一天他会出现在我面前。同样，我也很怕，怕别人知道我没有爸爸，在背后悄悄议论我——我是一个要强的孩子。于是，我一直把这个秘密死死地藏在心底，不让别人知道。直到那一天——

那一天的我，三年级，老师让我们自己填写体检表，我满心欢喜地拿到了第一份要亲手填的表，一眼就看到了那一栏。

"父亲姓名，电话，单位。"

我的手开始微颤，此刻，我多么想杜撰一个好听的名字，一个满是吉利数的手机号，一个体面的工作单位……但是，我不能，我不能，因为我没有！这一栏，永远是空白，体检表的空白，父爱的空白——我一生的空白。

填完了，我飞快地，做贼似的将表向内对折，准备最后一个交给老师。

"请最后一位同学将表交上来。"老师幽幽的声音在我的心中重重一沉，化为一声霹雳般的炸响，震得我全身出了冷汗，我故作从容地将表交给了同学。

还好，他没看到那白纸上的黑字，我长长吁了口气。

突然，他猛地停下了，我还没反应过来，他已朝向我说出了那句话。

"同学，你表还没填完哪！"

"不！不可能！我填完了！"我几乎在用全身的力气在喊，在证明！

"不，没有，'父亲'那栏，你没填。"他的声音再次响起，"快补上吧！"说完，他拿起我的表，奋力朝全班扬了扬。

我愣住了，脑子里一片空白，任凭挥动体检表的"哗哗"声带起了全班的喧哗，像刀一样刮过我的全身。我任凭那刺眼的日光照亮我残缺的体检表，体检表呈现一种瘆人的白——像一面招降旗向我发出警告：投降吧！你没有父亲！你，没有！

看我迟迟没有补上信息的意思，一些人已经看出了端倪。

"你，爸爸呢？"同桌好奇地轻轻捅了捅我的胳膊。

"我……"

"她有没有爸爸啊！没爸的孩子！"远处一个粗鲁的声音将我扑倒了。

"我……我……"

"离婚了？还是……不在了？"一个娇弱的女声如此"关切"。

"不是的……我只是……我……没有……不……有……"

质问，起哄，还有那刺人的、猜忌的目光，如凶猛的潮将我紧紧包围，老师也有些无措。此刻，语言的尖利将我刺穿，空气的厚重将我压扁！我受不了，受不了了——那种幼小心灵所受的流言的煎熬，我刻骨铭心，至今难忘。

我仍天旋地转着，我可以立刻跑出去，冲出教室，我也可以将头枕进臂弯，用咸涩的泪水与黑暗蒙住我的双眼。

但我没有——我紧紧攥住拳头，指甲嵌进肉里，默念着"一，二——三！"

我"腾"地一跃而起，教室里立刻鸦雀无声。

"同学们，我的妈妈……和爸爸很早就离婚了，我已经……很久没见到那个'爸爸'。

"我很想有个爸爸，但我改变不了事实，所以，我一定要懂得倍加珍惜……我的生活，我……希望你们能理解我……希望你们也要珍惜有爸爸的生活。"

"咚！"我重重地坐下，心声彰示，泪水也终于不争气地落下了。

一秒、两秒——黑夜般沉寂。

三秒——一个孤独的掌声响起。

四秒——全班被热烈的掌声淹没。

我缓缓抬起头，冰冷的猜忌和质问此刻变成了最温暖的鼓励、关切、钦佩，烘干了我咸涩的泪。那种幸福的滋味，填补了无数个体检表的空白。

感谢这次洗礼，它让我懂得了真诚，懂得了释放，明白了无论有多少难以启齿的事，坦然面对才会轻松，明白了即使生命中有无数个无法删除的空白，也有无数种方式去用幸福填满它。

于是，我不再被别人左右，开始真正珍惜自己的生活。

（文章来源：《从此爱上作文课》）

评点 叙事能力极强，细节刻画已经达到传神的地步：第一个细节是"我"被同学揭穿秘密时，对内心痛苦不堪的描绘十分精细；第二个细节是我面对旁人的猜疑，真情解释，释放自我，各种描写手段的运用，真是入木三分。文章结尾，更是大落大起，柳暗花明。

第二章 × 记叙文高分八大技巧

你能写好记叙文

一　高分技巧一：
字迹工整、整洁干净

1. 在极短的时间内，当阅卷老师看到这样的作文时，首先从心里就没有看下去的欲望，又怎么能为这样的考场作文打高分呢？可见，练好字是考场作文获取高分的第一要素。以下是三个作文截图：

第一，涂改

第二，字体不正

第三，字不守格

2. 一篇好作文是一幅好的书法作品，带给人美好的视觉享受，字迹工整优美，阅卷老师读下去的欲望就有了。文章再一美，那就完全不一样了。

示例一

"你不是还有两包吗？"质问的语气，她反射性地攥住那包薯干，我给她的。

　　我有点反应不过来，这是什么语气？

　　但我还是耐心地解释道："我一共带了四包，给了你两包，另外两包一包我自己吃了，另一包也……"

　　题目：瞧，我们这个班集体

　　"这么脏啊！"几个人都在说，这垃圾都堆成山了，倒垃圾，一阵"嘀咕"作响！

　　还有时间，打算打扫打扫，班长对班级叫唤的人说，没人理，班长自己拿起了扫把，打扫了起来，几个人看着心疼，上前来帮忙。

示例二

　　公元21世纪，一个集体诞生。

　　或许是一颗流星划过，还是一次火山爆发？总之，我们走到了一起，在没有理由的今天。

　　开学好久了，刚到这里的我们已从千千万万颗小苗中的一颗长成了含苞待放的花朵，形态各异，故名思义，就是鲁迅家中的百草园。

　　老师提了下眉毛，慢悠悠地说道："你们聊的问题太宽泛了。"她说道："孩子们，聊天也是种学习，你可以知道你不知道的就是学习，生活处处有学习。"难怪了，我不知道这也是种学习，但现在知道……

　　"瞧，我们这个班集体？"

　　"瞧，我们这个班集体！有什么做不到的，有什么达不到的，只要团结起来，水滴石穿，滴水穿木，铁杵磨成针！"

　　瞧我们这个班集体。

二　高分技巧二：夺人眼球拟标题

我们不是哗众取宠，故作高深，一味去标新立异，而是在已有思路的基础上做一些改良，让我们的标题更有杀伤力，这样对于文章的立意会有很大帮助。所谓的题好一半文，就是这个意思。看看下面的题目，是怎样由普通的题目妙化而来的，你也可以借鉴一下。

例文　长绿的梦

> 洋葱、萝卜和西红柿不相信世界上有南瓜这种东西。它们认为那是一种空想。南瓜听了不说话，默默地生长着。
>
> ——题记

现在的我，是一颗白嫩嫩的南瓜种子，与其他伙伴们一起深埋于地下。我总是在想：我什么时候才能破土而出，成长为一株翠绿的幼苗呢？

渐渐地，有一些伙伴已经有冲出土壤的势头了，而我却毫无动静。我安慰自己：没关系的，也许明天我就发芽了呢。

可我等了一天又一天，还是老样子，但其他伙伴都已经顺利发芽了，我急得像热锅上的蚂蚁。这是怎么回事呢？我使自己冷静下来，进入忘我的境界。

在我毫无所知的情况下，我的身躯日渐膨胀起来。知识、智慧、快乐、幸福灌溉着我。可缺少了最重要的一样东西——善良。没有它，我就无法成长为一株南瓜苗。

善良到底在哪里呢？我用意念漫无目的地寻找着，找遍了世界的每一个角落，却仍然找不到善良的影子。这是为什么呢？我百思不得其解。听说在世界的尽头有一棵善良树，吃了善良树结的果就会变得善良。但守护善良树的是一头凶残的狮子，只要有人想要得到善良果，狮子就会问一个问题，答得让狮子满意，它就会将善良果交付与你，要是它不满意，你就必死无疑。而千百年来，没有人成功过。因此，没有人敢去接近善良树。

为了获得善良，我踏上了这条充满未知的旅途。一路上，我披荆斩棘，冲破重重困难，躲过层层机关，来到了世界的边缘。我站在狮子面前，对它说："你有什么问题就尽管问吧，我不怕！"狮子笑着说："好，要是我告诉你，获得善良果需要你伙伴的生命，你，会答应吗？""不，绝对不。这是完全不可能的事！"我愤怒地说。狮子大笑起来："哈哈哈……""你要杀就杀吧，我不怕死。"我说道。"不，你的答案很好。多少年了，我没有再见过你这样的人。善良树是你的了，我会继续在这里替你守护它。""不必了，我只需要一个善良果。善良树应该贡献出来，让人们全都变得善良。而你就和我一起回到我的家园吧。"我对狮子说。

我和狮子一起到我的家园后，我便回到土中。我惊喜地发现，我竟然破土而出，已经长成了一个小南瓜。这是因为我不仅收获了善良，还收获了勇敢与友谊。

我终于感受到了温暖的阳光，一切的事物都陌生而又熟悉。我认得百灵鸟姐姐，我记得她清脆的歌喉；我认得溪流哥哥，我记得他欢快的歌声；我认得树公公，我记得他温和的声音……

我以小南瓜的形态又维持了一段时间。还有什么呢？我思索着，我已经获得了知识、智慧、快乐、幸福、善良、勇敢与友谊，还差什么呢？我绞尽脑汁，思考着最关键的一个问题。

对了！是平等，万物平等是最重要的。不论出身，不论贵贱，每一个生命都是平等的。也许，每个接受生命的人会给生命添加不同的养分，但，生命的本质都是相同的，哪怕它们的外表看起来也许都不一样。

可是平等又在哪里呢？有了上一次的经验，我不再漫无目的地寻找，而是查阅各种类型的书籍，试图找到平等。可最终还是无功而返。

我再次来到世界的尽头，顶着太阳的炎热与刺眼的光芒，问他："太阳公公，请问您知道平等在哪里吗？""这个嘛，待我好好想一想……"太阳公公说完倒头就睡。他整整睡了三天三夜才醒来，他揉了揉惺忪的睡眼，道："我可不知道，不过，你可以去问问月亮，她应该知道。"他说完又继续睡觉了。

我失落地低着头。突然，我听到一个小小的声音在叫道："别踩了，别踩了，疼死我啦！"我东看看西望望，却没有看到发出声音的那个小家伙。"脚底下。"那个小声音再次响起来。我低头一看，哦，原来是一只小蚂蚁。

"对不起！对不起！我没有注意到。"我连忙将脚移开。"谢谢你，好心人，我一定会报答你的。"说完，害羞的小蚂蚁便钻进草丛了。

我继续往前走，看见大路的正中央有一条鱼奄奄一息地躺在地上。他看见我，虚弱地向我求救："好心的小南瓜，救救我吧，只要你将我送入水中，我就能得救。"我连忙将他小心翼翼地捧起，轻轻地放入水中。"谢谢你，好心人，我一定会报答你的。"说完，便游走了。

我并没有将他们的话放在心上，而是继续赶路。终于，我见到了月亮。她散发出刺骨的寒气，使我无法接近，这可怎么办？这时，一群蚂蚁举着一件美丽的衣服向我走来："这件衣服能御寒，为了报答你的恩情，我们将它送给你。"我谢过蚂蚁们，穿上衣服，走到了月亮面前。我问她："月亮姐姐，请问您知道平等在那里吗？""我可以告诉你，但你要完成我的任务。""您说吧，我会尽我全力的。""前几天，我有一枚戒指掉入了海中，请你将它找回来吧。"

这无异于大海捞针，但我咬咬牙答应了下来。冰冷刺骨的海水刺激着我，可我还是无法找到那枚遗失的戒指。这时，被我救助的那条鱼游到了我的面前，将戒指从口中吐了出来："为了报答你的恩情，我已经将它找回来了。"说完，便一下潜入海底。

我带着戒指来到月亮面前，对她说："我已经将戒指找回来了，请您告诉我平等到底在哪里。""你已经找到平等了。"月亮说完便一声不吭了。

我充满了疑问。突然，我恍然大悟。原来在路途上经历的种种，都是我在接近平等的过程。

我回到了家园，在伙伴们的陪伴下，我日益长大，成了世界上最大的南瓜。我的茎和树干一样粗，我的身躯和房子一样大。小动物们把我当成天然的游乐场，在我身上滑滑梯、荡秋千，其乐无穷。

在夜深人静的时候，狮子便和我一起谈天说地。它说它的梦想并不是成为森林之王，而是能有一个知心朋友。现在，我们的梦想都已实现。我们祝愿你，也能实现自己最美的梦想。

例文 **幸福一点儿都不大方**

要我说一年中最幸福的时刻，自然就是家里来客的时候，来了些许大人，自然有些小孩也会来。大人在客厅里喝茶，小孩就带些钱，凑起来买点儿东西，回到家里便聚在一起看电视，有说有笑。吃饭前无论大人小孩，除了两三个人看家以外，大家一起出去逛街，顺便买点儿食材，晚上在一起热热闹闹地吃饭，热闹地玩。

要我说小学中最期待的事情，就是六年级下学期时的亲子游，整个班一起热热闹闹地去环游世界——就像以前的"大串联"。小时候不禁总是想象这些情景——旅游时如果冷的话，大家可以一起聚在一个酒店的房间，有说有笑地玩耍着，互相诉说一些知心事，温暖极了。

要我说最开心的时候，是我在努力练习之后，拿到由汗水和泪水堆成的沉甸甸的奖杯——五年级华罗庚金杯三等奖。当时我就这样高高地举着我的奖杯，摆着胜利的姿势。

可是今年来我家做客的人少了，戴眼镜的人反而多了；手中攥着手机的人多了，一起聚时凑钱的人少了；出去逛街时，低头看手机、嘴里哼着小曲、耳内塞着耳机的人多了。我不知道眼镜店的生意为什么会这么好。

六年级毕业了，终于开始了最期待的亲子游，大家可以聚在一个房间里，一直在玩手机游戏，联机。所谓的有说有笑被压缩在了游戏中，找不到解压的方法，热天，偏偏又冷了好多——这怪天气！

六年级时，我得了金杯一等奖，可是在颁奖仪式上，我们像是在观影——看宣传片，奖杯也没了，大堂里有那么点儿冷——人情味去哪儿了？

幸福如果没人去珍惜，没有人去关怀，他就像一个娇气的小孩——他一点儿都不大方，他才不会在这个时期里，默默地看着手机统治世界。

评点 主题是写幸福，采用了拟人化的手法，幸福对谁不大方了？文章本一般，却因为这个题目增色不少。

例文 取 暖

> 严冬是寒冷的，但若是有阳光，就不同了。
>
> ——题记

那年的我才八岁。

那年的冬天出奇地寒冷。虽没有雪，但风雨交加，一阵阵风刮过，像刀片一样。雨不时地斜斜地打来，湿漉漉的，招人埋怨。

原本繁华的大街上，只有几个人，他们都裹着大衣匆匆前行。但是，学校里却依旧是热闹的，在一个教室里，有一个小女孩在座位上发愣。那个小女孩正是我。

那天我像往常一样来到学校，一阵难忍的干燥袭向我的咽喉，我正想喝水，突然发现忘带水壶了。要知道，在冬天，水是多么重要，但我亦无可奈何。

我静静地坐着，静静地想着，静静地看着……如果妈妈能帮我带水壶来学校该多好，可又想到，忙于工作的妈妈怎会浪费工作的时间为我送水壶？我缓缓地走出教室，在外墙的栏杆边迎风而立，轻轻叹了一口气，白色的气体从嘴里喷了出来，升华成一团雾气，飘摇而上。我轻摇着头，朝底层望去："唉，算了吧！妈妈不会来的。"我何尝不想说服自己，奇迹不会发生。

我正要转身离开，恍惚听到有人在叫我，我急忙转头一看，却并没有人。我想应该是幻觉吧。正当我失落的时候，一个人影映入我的眼帘，是妈妈，我揉了揉不敢确定的眼睛，是真的！我直接奔了下去，脚步变得轻飘飘的。

"妈妈！"这一声叫喊已经深深地烙在了我的心里，定格在了我的脑海中。

妈妈快步走到了我的面前，她一手撑着伞，一手提着我的水壶，雨水打在伞上，发出了"啪啪"的声音，轻快的节奏，隐约在我的心中留下一道道划痕。

"下一次记得带。多喝一些水，注意保暖，别着凉了……我要继续工作，照顾好自己……再见！"说着，妈妈把水壶递给我，望了我几眼便转身离去。雨中，妈妈的背影在我的视线里渐渐模糊，但在我的心里却越发的清晰，直到黑点消失，我才转身离去。手中捧着爱的水壶，它像一轮小太阳，散发出炙热的光芒，让我感受到了冬日中少有的暖意，一种与众不同的暖。

用它来取暖，整个冬天都不再寒冷。

我似那一颗星星，总能得到太阳的温度，我坚信，有你，有我，就有爱。

还有很多很好的题目，如：

1. 心之所向·梦在何方（写理想）

2. 风过无痕（写回忆）

3. 蔷薇花在歌唱（写高兴）

4. 天的晴，心的暖（写感动）

5. 用爱铺路（写爱）

6. 战"痘"记（写长痘的经历）

7. 寻找绿色（由环保化来）

8. 别留下伤疤（写心灵的伤痛）

9. 黄昏·落日（写奶奶的去世）

10. 我的肩膀，你的依靠（写亲情）

……

三 高分技巧三：精致的开头与结尾

推荐一种开头和结尾的写作方法，对视觉的冲击力比较大——景情交融式，一下子把读者带到创设的意境中，画面感极强。类似先来一段优美的视听，再进入正题，很能在考场中抓住阅卷老师的心。

1. 错过那个眼神

开头：秋风卷起三两片黄叶，叶子在空中辗转两圈后，又被重重地弃在地上。我漫步其间，心随树叶，任往事随风飘荡。

结尾：错过一个眼神，不错过这一份深情。这将成为我乘风破浪的不竭动力。

2. 我的小小心愿

开头：这一季，我只愿，花未谢，雨未消，你未离去。

漫长的黑夜，寂静的世界，我向星星许了个愿，我希望，能和她的友谊天长地久。

结尾：星星啊，我在属于你的天空下，经历了许多珍贵、不可重复的记忆，你可否答应我的小小的心愿。

星星又对我眨了眨眼睛，我偷偷地笑了。

3. 打开窗让春风进驻

开头：打开心灵的天窗，让爱永远弥漫于心间。

爱如一束阳光，温暖我冰冷的心窝；爱如一滴雨露，滋润我干枯的心田；爱如一首歌，打动我幼小的心。又到了百花争艳的季节，春的到来，勾起了我藏在记忆深处的一件事。

结尾：是啊！只要每个人都打开心中那扇宽容理解之窗，世界将永远弥漫着爱的味道。

4. 我真想单纯

开头：阳光，树影，清风，蝉鸣。

我，年幼的我，坐在开阔的天井里，扑闪着清澈的眼眸看外婆洗衣裳。外婆的手最是巧，衣袂翻飞，在柔光的抚摸下像只唯美的蝶。

结尾：我默然，却突兀地想起儿时五光十色的泡泡，它们是否带着单纯离我远去？知世故而不世故，是我想要的单纯！

5. 我真想成为你

开头：历史的长河淘不尽千古英雄，时间的长风吹不老英雄的容颜。

翻开泛黄的书页，任丝丝墨香浸润心间，心底一个声音响起：我真想成为你……

结尾：我真想成为你，即使道路骤变也能不丧失内心的信念。

我真想成为你，谱写属于自己的篇章。

6. 我真想为你穿针引线

开头：此刻，窗外的阳光正洒在我的桌上，黄灿灿的一片，让人感到温暖。望着那灿烂的阳光，我不禁回想起那天。要是能重来，我真想为你穿针引线。

结尾：阳光正照耀着外婆年迈的象征——她的老花镜，也照耀着她那一头银丝，更把我的心照耀得火辣辣的痛。

要是能重来，我真想抓住每次机会，为你穿针引线。

7. 孝，我曾经错过

开头：时隔多年，那么深的悔，那么咸的泪。我驻足于时光仿佛静止的树林里。一地黄叶，一地泪水。

结尾：树欲静而风不止，子欲养而亲不在。穿越秋天的树林，我发现，每一片落叶都写满了悔与泪。

8. 微笑着出发

开头：窗外的柳树在无声地摇曳着它那柔软又纤细的腰肢，微风轻轻地吹过我的脸颊，拂起我的头发，仿佛在向我诉说什么。

结尾：微笑是一缕阳光，扫去了我心里的阴霾，为我带来活力与希望。重拾心情，微笑着出发吧。

9. 阅读，不会错过远方

开头：秋窗午后，小院无人。

又是一个惬意的午后，手捧着那首首诗词，享受那片刻的空灵。借一叶书的方舟，我习惯行旅远方。

结尾：阅读如煮茶，慢、细、品，蕴含着诗与远方。字词缱绻在一片片茶叶上，心间一汪清水，细火慢温，诗意氤氲。

阅读让心灵柔软，不会错过诗与远方。

10. 沐浴在属于自己的生活中

开头：春去冬来，我们像往常一样生活着。我们总会因天冷而加衣，天热而脱衣，这也是再平常不过的事了。我们也会时常充满悲伤和喜悦，充满自信和激情，这便是生活。

结尾：今天的天气很好，太阳在正常地照射，风儿在悄悄地奔跑。所有的一切都在做着自己该做的事情。

11. 鲁迅，不曾错过

开头：瘦。

笔杆一样的瘦。

结尾：那个人，在历史的长河里矗立起一座丰碑，上面铭刻着——中国魂！

12. 师师生生不了情

开头：一纸彩笺写下纷然如昨的悠久过往，一阕清词吟不尽紫陌寒烟的无言守望，一曲笙歌唱出流年岁月的曲调悠扬。回首处，唯与吾师之情既深且长，不思量，自难忘。

师生情谊，萌动于三尺讲台。

结尾：三载时光，荏苒而逝，悠悠往事，转眼成苍。老师啊，与您的这份美好情谊，吾岂能忘？

吾岂能忘？吾岂能忘？思量处，泪已成行……

四　高分技巧四：选材贴切

一篇文章，在选材方面至关重要，内容选好了，就成功了一大步；如果选的内容不合适，即便写得再好，也是走了弯路，做了无用功，收效甚微。一定要命中题旨，切中题目，符合主旨，无论在内容上，还是在表意上，分毫不差。

在审题上首先要抓住关键词。例如"那天，我捡到了快乐的钥匙"，写作中一定要扣住"快乐"，这样，作文就容易多了。

例文　行走在爱线上的孩子

　　一条用爱凝成的线出现在我的世界，线的这头是父亲，那头是母亲。

——题记

夜深了，我静静地躺在床上，心却异常烦躁，是因为院子里的小动物在窃窃私语？不是。是因为天边月亮调皮地将它的光射在我的眼上？也不是。我翻了翻身，听到楼下传来隐隐约约的嘈杂声。啊，是因为这个吧。

这时，我的肚子开始"咕咕"地叫唤，就像一个新生婴儿急切地需要母亲的安慰。我在床上翻滚着，希望借助美梦来化解饥饿，眼睛闭上又睁开，闭上又睁开，最终还是战胜不了饥饿的折磨。我悄悄地推开房门，门绕到我身后，发出一声微弱的叫声，回荡在幽幽的楼梯间，久久不能消失。我又窘迫又害怕，刚想转身，肚子又发出了沉重的吼声，我不得不扭头下楼。月光从窗户间溜进来，在楼梯上、在墙壁上、在挂灯上华丽地跳起了华尔兹。我蹑手蹑脚地走下楼梯，经过父母的房间时，里面的吵闹声吸引了我的注意力。我靠在门外，将耳朵贴在门上偷听里面的声音。"今天你这么晚才回来，去干吗了？"是母亲质问的声音。"加班啊。"父亲不急不慢地回答着，随即传来一阵脱掉衣服的声音。"不和你说了，今天加班累，我要睡觉了。"母亲好像生气了，她的声音变得尖锐了，可并不响亮："你天天都加班，可也不用这么晚啊，你是不是有什么事瞒着我？""别这么大声，小心吵到孩子。""我知道。""睡了。""你……"

父亲那懒散的声音与母亲那尖锐的声音，让我的心口被重重敲上一锤。父亲和母亲好像有矛盾！我回到床上，任由泪水滴落在枕头上。

第二天早上，我起床下楼吃饭。桌上摆着热气腾腾的早餐，旁边的纸上是父亲的字迹，端正而漂亮："孩子，记得吃早餐，这样才有精神。"母亲从厨房中缓缓走出，手上端着一碗粥，轻轻地放在我面前，慈祥地对我说："吃吧，趁热吃。"我尝了一口，暖暖的、甜甜的，里面流淌着父母对我的爱，一点一滴都融在其中。

吃着，吃着，心中竟浮现出昨晚的事情。

我颤抖着，眼泪竟不受我的控制，像流星一样快速地从我眼里坠下，一滴连着一滴，滚进粥里头。我大口大口地吃着，粥变得苦涩难吃。母亲看见我的模样，急忙问道："粥不好吃吗？"她抢过我的勺子往嘴里送。我摇了摇头，向母亲说明了缘由。母亲愣了愣，显然没有料到我听到了昨晚的事情。她不好意思地说："没事，是我误会你爸了。""是吗？"我抬起头来，眼泪还是"哗哗"地往下流。母亲心疼地擦了擦我的眼泪："嗯。"我咬了咬嘴唇，埋头吃着粥，粥，真甜。

父母，就是这样，他们即使背地里闹矛盾，甚至吵架，扭过头来给孩子的依旧是一个温暖的笑容，一份无微不至的爱。他们用爱给孩子铺出一条生活的路，一丝一缕，犹如细线般汇聚在一起。我行走在上面，感觉到一股股强大的能量钻进身体中，它使我充满着希望和力量，全力向心中的太阳奔跑，去拥抱生活中的美好。

评点 内容上围绕"家庭"去写，主旨围绕"爱"这个主题。在审题上小作者很会"做减法"，突出了关键词。

例文　两张车票

> 两张车票，两代人，一段故事，一份感恩。
>
> ——题记

人海中的我，会迷失，会茫然，会看不见真情的出口。寻寻觅觅间，身边已是真情涌动，随波而来的是一份感恩。

当窗外那棵树还是枝繁叶茂，未被冬天摧残得凋零时，我独自踏上了去上海的旅途。客运大厅里，人拥挤着，来来往往地朝着不同的方向，走向不同的终点。看着长长的队伍，似条龙放肆地在我面前咆哮，周围的人都用异样的目光看着我，打量着，不怀好意。一位文质彬彬的白领朝我走来："你是不是要去上海，我突然有急事去不成，要不把这票让给你吧。"匆忙的语气间流露出的是真诚……

窗外，天越来越黑，看来，一场暴风雨将要来临。

顺着拥挤的人潮，推挤中，肩上沉重的行李突然坠下，我只好俯身去捡。行人的裤脚从我脸上划过，我发现我捡的不只是行李，还有散落一地的冷漠。终于挤上火车，车厢里全是陌路人，冷冰冰的心与心的碰撞，擦不出一丝暖流。坐在座位上的我，呆呆地看着车厢的入口，一张张素不相识的脸庞一次次映入眼帘，好像他们注定只能做我生命中的过客。一个农民工映入眼帘。坑坑洼洼的脸上尽是岁月蹉跎所留下的痕迹，一身的衣服似乎刚从矿井里出来，几天没洗澡的样子。要不是他朝着我的方向走来，我的目光都不愿在他身上多留一秒。

　　"小姑娘，你是不是坐错位子了？"他傻傻地笑着问。

　　"没有啊，这就是我的座位！"

　　"可车票上的座位不是这里吗？"他把他的车票展示给我看。

　　"我的票的确是这个位置。"我不耐烦地掏出了车票。

　　随着对话的进行，引起了越来越多人的围观，议论纷纷中尽是打量的眼神。检票员也闻声而来，仔细看了看我们的票，凌厉的目光尽力地比较两张车票的分别，还有两个人的差别。"你们是不是都从售票处买的啊？"他发话了。我极力地按停心灵的颤动，与他不约而同地说："嗯。"殊不知，我已背弃了我的良知，故作镇静的我不自主地做起了小动作，企图掩饰内心的焦虑不安。但当我与他目光相接的一刻，他已看穿了我的一切。"可能是我买到假票了，是不是再补一张就可以了？"那位煤矿大叔出乎意料地说，起码，出乎我的意料。我呆住了，傻傻地看着，看着一个没有错的人承认所有的错误，并为错误付出代价。人群散了，却总觉有些东西一棍一棍地敲击着我的良心，恍若一场梦。

　　车窗外，雨下得好大啊，是我眼里前所未有的倾盆大雨。

　　那位大叔站在了车厢的角落，瘦削的身躯像是随风摆动的杨柳，而这株杨柳，还要承受长途站立着的车程。我在想，他的心到底承受着什么东西。我走了过去，让他坐我的位子，而他却是一句轻描淡写："孩子，你还小，总会被人骗，我站着就行，快回去吧！"我知道了，他心里放着的是爱的种子，是用来传播的种子，而有一颗已悄然入我心，在肥沃的土地上，生根发芽。

他，成了我一生感恩的人，感恩他送给我的那颗种子；而本来，他只是我生命中的过客。

评点 恰当别致的题材注定了情节的曲折生动，先抑后扬的手法更凸显了民工有着一颗美丽的心灵。对"我"这个心思老成的孩子的细节刻画入木三分，没有过多的铺陈，但却以简胜繁。

五　高分技巧五：结构精巧

清代的袁枚在《随园诗话》中说过"文似看山不喜平""文须错综见意，曲折生姿""为人贵直，而作诗文者贵曲"，由此可知，"曲"是使文章结构精巧的重要特征之一。

1. 卒章显志。在文章结尾时，用一两句话点明中心、主题的手法就叫卒章显志，也叫"篇末点题"。"志"是指文章的主题、中心，"卒"为完毕。恰当运用这种手法可以增加文章的深刻性、感染力和结构美，有"画龙点睛"的艺术效果。马致远的《天净沙·秋思》的"夕阳西下，断肠人在天涯"用的也是卒章显志的写法。

例文　那一幕，真让我感动

尘土飞扬的街道上，一个黑色的钱包躺在熙熙攘攘的人群脚下。或许是因为露宿了太多天，它沾满了灰泥；或许是因为路人们都忙着自己的事情，没有注意到它的存在，它就像个走失的孩子，在大街上孤独地期盼着、等待着妈妈的到来。

这时，一个稚嫩的童声传入了我的耳朵："妈妈，快看！是钱包！"一个穿着校服的小男孩拉了拉妈妈的衣角说。这位母亲顺着孩子指的方向望去，看到了那个落满灰尘的钱包。那小男孩正要弯腰去捡，却被妈妈一把拦住了："哎呀呀，你这是要干什么呀？那是人家的东西。我们不能要！乖，听话，和妈妈回家去！""不嘛，妈妈，老师说捡到了别人的东西要交给警察叔叔，所以我想把它交给警察叔叔。"小男孩乞求着妈妈，可这位母亲不理会他的乞求，连忙说道："快走，快走，妈妈忙着呢，还要回家煮饭呢，你也赶快回家做作业去，乖！听话！"母亲连连催促着，拉起他的小手飞快地离开了。小男孩十分不情愿地被拉走了，一步三回头。不久后，小男孩就看不到那个钱包了，它早就被淹没在人群的脚下。

　　这时，一位穿着时尚的女郎打着电话走来，她兴奋地对着手机说着话。突然，小巧的高跟鞋被什么东西绊了一下，她低下头，看到了那个黑钱包。"今天真走运啊，你猜怎么了？我看到一个钱包！"她踮着脚，压低了声音对着手机说，"嘻嘻，真不晓得里头有多少钱！你说我会不会发财啊？今天又可以去买彩票了，今天真是走运极了！"她微微弯下微胖的身躯，打量着那个钱包。这时，不知为什么，她如同碰到刺一般，松开了手里的钱包。只听"啪"的一声，钱包掉在了地上，路人们的眼光一下子就被这声响吸引了过来。女郎一见情况不妙，不顾路人们一脸疑惑的目光，如兔子般飞快地离开了现场。

　　夕阳西下，那个落满灰尘的钱包依然躺在地上，它面朝夕阳，仿佛在向夕阳讲述这些天来所遭受的痛苦。这时，一位头戴破帽子，黑乎乎的脸上脏污不堪，让人看不清他的真面目，更分辨不了他的年龄的拾荒者，用目光来回扫视着大街，最终把目光定格在黑色钱包上。他毫不犹豫地把钱包捡起打开，里面一分钱也没有，只有一串钥匙。他将那钱包和钥匙一起挂在了栅栏上，它们被夕阳镀上了金色的光。夕阳目送着这位拾荒者，他离去的背影也被夕阳镀上了柔和的光线。一刹那，他的背影给我留下了无数的启示："即使捡到了无数的金银珠宝，只要不是你的，你也不可以占为己有，因为那是别人的。"

这样的一幕，真让我感动！

例文 我的小小心愿

我住的城市从不下雪，但记忆里却堆满冷的感觉。

不知何时，寂静的街道上默默地栖息着一辆灰蓝色的小卡车，它就像一头瘦弱的骡子被拴在静谧荫蔽的墙角，满载着货物。

车的主人是一个灰扑扑的中年人，满头稀疏的灰暗头发，灰黑的破旧外套、浅绿的烂领毛衣，散发着一种沙土里捞出来的气息。

他和许多小贩一样，不知来自哪里，却满地摆满货物，垂着头，拾条烂板凳坐着，也不高声叫卖，就那样等着，等上一天。

他卖的是河南美容淮山。哦，他是因为旱灾而迫不得已兜售农产品的农民。

听父母说，他早晚都坐在那儿，即使是寒冬也像头闷不吭声的老牛般在那儿坐着，等人来买。

他仿佛就是旱地里挖出来的淮山，粗糙蜡黄的面皮，僵直的手指。

寒风混杂着清晨的冷寂，撕裂了空气，也一日日消沉了他的心。

冷寂中，我缓缓走出小区通邮的门口，静静听着树木穿林打叶的凄凄惨惨戚戚。

他依旧瑟缩在那里，佝偻着背，垂着头，静静凝视着同样凝视着他的淮山。

我慢慢走到路边的早茶店门口，抬头望了望混着黑丝的天空。一辆红色的宝马风驰电掣而来，宝红色泽的外壳映衬着车身矫健的姿态，如同一头剽悍的汗血宝马一般，昂首阔步来到那头灰色的骡子前。

"喂，老头，你这淮山几元一斤？听说可以美容，可是真的？"车窗慢慢摇下，一个年轻人从"汗血宝马"里探出头来，我要为我的女朋友买些！"

极其冷清的货物得到了关注，他浑浊的眼珠透出几分光亮，连忙双手抱住一大袋，眯着沟壑纵横的眼角快步走来，用沙哑的喉咙道："很便宜的，只要……"

"哇！你这淮山这么脏啊？是不是堆放了几个月的货？"

"不是……这淮山可新鲜的……"

"别说那么多啦！看你长得那样就知道淮山美不了容啦！"

"不……不是！"他话还没说完，年轻人就嫌恶地摇上车窗，一踩油门，宝马扬长而去，余下滚滚浓烟。

老头心一急，就抱着淮山深深跌倒在路上，弯曲着身子痛苦地呻吟，好似一只虾米。

"啊？这人怎么能这样？"我一看这个情况，马上飞奔过去，弯腰慢慢扶起老头。他粗糙的手便如镰刀般抵着我的指纹。

"爷爷，我手里头有些钱……能买多少淮山？"我小心翼翼地问道，连忙掏出喝早茶的钱来。

"孩子……呃，痛……你人真好！"老人颤巍巍地起来，但又麻利地收拾起了几根淮山塞给我。

"谢谢！"我爽朗地笑着回答道，转了个身，往家里走去，匆忙而又仓促。

灰霾的天空，浓稠的云彩笼罩着我。

为什么有人生来就是宝马，有人至死都是骡子？为什么有卑贱、高贵之分？

为什么老弱贫困的人只能遭到歧视与欺凌？

我只有一个小小的心愿，小小的。

---

2. 倒叙。倒叙，是根据表达的需要，把事件的结局或某个最重要、最突出的片段提到文章的前边，然后再从事件的开头按事情的先后发展顺序进行叙述。电影及小说创作中常用，起到时空倒流的错觉，拴住读者的心。

例文 出 错

"啪"的一声，手中的碗被我重重地摔在了地上，饭菜与碗的碎片混合在一起，撒了一地。我残忍地将妈妈的那颗心摔碎了，我像一只失去理智的野兽，破门而出……

晚秋的风冷飕飕地吹着，可我心中却有一股热浪在翻滚，刚刚发生的种种情形不断地在脑海中闪现。

带着一星期的疲惫，我风尘仆仆地回到家中，妈妈早已精心地为我准备了一桌可口的饭菜。橘黄的灯光笼罩着小屋，桌上的饭菜散发着诱人的香味，显得非常温馨。我胡乱地拨动着盘里的菜，一副挑三拣四的样子。妈妈只是一愣，也没有说什么，继续吃饭。突然，妈妈问了一句："最近学习吃力吗？"我只是应付式地回答了一句："还行！"语气中带着几分生硬和不耐烦。我的这种态度引起了妈妈的不满，妈妈说了我几句："你这是用什么态度在跟我说话？每个星期回来，都把脸一绷，你摆给谁看？"

妈妈的几句话点燃了我心中那根存积已久的导火线。十五年来，我第一次对着妈妈大吼道："我就是摆给你看的，你一点儿都不理解我心中的苦恼，只会说那些让人听了耳朵生老茧的话。"我第一次摔碗，第一次破门而出……

风依旧在吹，心中的那股热浪也渐渐平息。冰凉的风吹来，让我冷静了许多。我总是一味地埋怨妈妈不理解我，可是我又什么时候向妈妈说过我的心事呢？每次妈妈见我心情不好，总是关心地问我遇到了什么麻烦事，我每每总是敷衍几句应付了事。我只知一句句地埋怨妈妈不理解我，却忽略了妈妈眼神中淡淡的哀愁……

这一刻我才知道自己是多么残忍！我一次又一次用冷漠去刺痛妈妈的心，可妈妈她总是把无限的痛楚都埋到内心深处，依旧悉心地照顾着我，一次又一次尝试着走进我的内心世界，可我给妈妈的永远是一扇锁得紧紧的大门。

我错了，回家吗？我犹豫了，刚才我那样冲动，妈妈会原谅我吗？风吹动着树叶，发出"簌簌"的声响，好像在催促我回家。

"回家吧！去向妈妈道歉！"我在心里不停地对自己说，不由得加快了脚步。渐渐地，我看见房屋前透出诱人的灯火，似乎已感觉到妈妈的那份焦急……

一次出错的叛逆，让我重新拾起了妈妈那份沉甸甸的爱。

评点 有时候，由果导因，很能吸引人的目光。倒叙在内容上碰撞出火花，自然能引导读者去一探究竟。

---

3. 先抑后扬。古人做文章强调"蓄势"，讲的也是欲扬先抑、先抑后扬的道理。《战国策》中有一段"冯谖客孟尝君"的故事，文章的开头写冯谖既无爱好，又无能耐，还爱闹待遇、发牢骚，简直是成事不足，败事有余，作者把他贬抑到最低处。然后却笔锋一转，写他如何为孟尝君经营"三窟"，写出了他非凡的才能。开头的"抑"是为了衬托后面的"扬"。

例文 父 亲

趴在被窝里的我，泪雨滂沱，被泪水浸湿的碎发，凌乱地贴在额头，显得无助又落寞。桌子上的沙漏静静地流逝，一点一滴，都还是如此清晰……

青春期的叛逆与任性，总是我与爸爸吵架的原因之一，况且身处寄宿学校的我早已觉得自己已经脱离管束的牢笼，能够自主独立了，因此更加觉得父母的唠叨都是废话，多此一举。

正当我津津有味地看着《变形记》时，一场大战又开始了。爸爸走了进来，见我在看电视，眉头一下子皱了起来，嘴角大幅度地往下拉，眼神如一只猎鹰恶狠狠地盯着猎物一样。经过多年的训练，我下意识地捂住耳朵。果然，沉默了几秒过后，铺天盖地的"口水雨"淋了下来："都快中考了，你还不去复习，在这儿看什么《变形记》？你明天还要去上小提琴课呢。做不完作业怎么向老师交代，你是想被骂然后让我丢脸吗……"

爸爸废话一般的唠叨，让我习惯性地忽略他的存在，任凭他骂，也无动于衷。"你真的一点儿反应都没有吗？"爸爸在结束了长达五分钟的演讲之后，问我。我"大发慈悲"地赏赐了爸爸一个白眼，结果就被爸爸从沙发上拽起："你这个丫头，我真白养你了！没用的家伙！"

突如其来的疼痛与自尊心受辱触发了我的怒火，我大声向爸爸反驳："你白养我为什么要生我？为什么还要养我？况且我哪儿没用啦？

我会拉小提琴，成绩也不差，我只不过是想放松一下自己而已！整天让我学这学那，告诉我现在要干什么明天又要干什么，请牢记我不是机器，我是人！一个活生生的会感觉累的人！

爸爸气得关上了房门，我随即爬上了床，关掉了灯。

第二天回到了学校，我打开宿舍柜桶，两大一小的黑乎乎的东西在我的柜桶里穿梭着，身手是那么迅速而敏捷，恐惧的苍白在我脸上铺满，我浑身上下的寒毛都竖了起来，紧抓柜门的手不停地颤抖着。当处于停顿状态的大脑开始反应过来这东西是蟑螂的时候，高分贝的尖叫从我口里传出。不知为什么，我第一个反应就是拿起电话打给爸爸。从小时候开始，只要有什么危险，我都习惯性地认为，有爸爸在的地方就是最安全的，待在爸爸身边总会感到莫名安心，即使我们正在吵架。而在家里，如果像现在一样遇到了蟑螂，我也只会觉得蟑螂是一个令人恶心的生物，但从不会为此感到恐惧甚至是束手无策。

拨通了爸爸的电话，听到那亲切又熟悉的声音时，泪水从眼眶中释放而出。爸爸听到我带着颤抖的声音时，音调明显紧张起来，但却又不失作为一家之主的冷静，他平静地在电话的另一头指挥我如何处理蟑螂，一边又不忘安慰我恐慌的心情。回忆与惭愧如潮水般涌出……

小学的时候，我们中午午睡是趴在课桌上的，教室只有风扇没有空调，夏天时，整个教室就像一个蒸笼一样，蚊子又多。我在无意间向爸爸抱怨了一下，谁知从那以后，爸爸每天中午都顶着烈日把我从学校接回家，睡完觉之后又把我送回去。就这样坚持了五六年。

小时候我想吃什么、想用什么、想买什么都跟爸爸说，虽然有时他口上不答应，但还是会买来哄我开心。

上初中后，我常常失眠到凌晨，于是就打电话给爸爸，即使他还在睡梦中，他也会陪我缓解失眠的急躁。

每当我成绩考差了，爸爸从不像其他家长一样骂我、打我、责备我，反而安慰因成绩而失落的我，鼓励我放下失败，因而训练出具有超强抗挫能力的我。

或许，对爸爸的依赖是从那时开始的吧……

我裹进被窝里，泪雨滂沱，在那一刻，我放下了这段时间与爸爸争吵时产生的所有怨恨，那些怨恨，都化成了千丝万缕的愧疚与爱。

总是向你索取却不曾说谢谢你，直到长大以后才懂得你不容易。谢谢你做的一切，用双手撑起我们的家，总是竭尽所能把最好的给我。时光，时光，慢些吧，不要再让你变老了，我愿用我的一切换你岁月长留……

评点 文章的开头，极言父亲的暴躁，原来是故意先抑一笔，然后是一幕幕铺天盖地地写父亲如何对"我"的种种好，文章这样写更加突出了父亲的爱。

例文　"怪"爹"坏"爸

我老爸，庄稼汉，地地道道的老农民一个。个子不高，一米六左右，平时也不注重打扮，随便穿，弄得我妈经常抱怨他。

我呢，随我妈，个儿高，现在都一米七几了，而且还在发育。脾气也随我妈，和老爸不一样，这点倒让我妈很欣慰，庆幸我没有像我爸爸那怪脾气。

说起我爸的脾气，用我妈的话来说，那就是坏，而且还怪。听我妈说，我小时候，我爸最爱逗弄我，但他的逗弄方式并不像别的老爸那样，用那种溺爱的方式，而是把我扔在床上，两只手推着我让我滚来滚去，非把我弄哭不可，我一哭，他就高兴，就笑。我呢，就是在这样的童年中度过的，不过现在我都不记得了，但听老妈一说，还真觉得好笑又可气。

在还没有我时，我爸带着我妈在外打工，后来，我妈有了我，我爸和我妈就回来了。回来是要生活的，生活是要钱的啊。于是，我爸就开始了创业之路。我不懂事的时候，我爸卖过鱼、卖过鞋，还卖了一年的衣服。再到后来，送煤卖炭、卖西瓜卖菜，他都做过。直到如今办起厂子做了养殖户，才消停下来。

活多了，我妈和我爸的矛盾就多了，他们开始经常吵架，我自然要做和事佬了。但是我爸他什么都行，就是嘴不行，说话没把门的，老说难听话，弄得我和我妈都和他闹，但他还是那个样，死活不改，按他的意思是：我又没毛病，改什么？

老爸还有一个特点，那就是爱喝酒。一天三顿饭，除了早上忙没空喝之外，另两顿每回一杯，但绝不多。我和老妈经常说他，可他还是那样，顿顿不耽误。也是，他忙活了半辈子了，总得有些爱好吧，喝酒就是他最大的喜好了。

现在呢，我的学业已到了关键时刻，而家里的活也越来越多。我和我爸妈每天也忙得晕头转向的。

不过，我们最开心的，便是晚餐了。我妈经常和我说些我爸的事，我爸则在一边听，时而皱皱眉，时而咧咧嘴，没事还插上两句，揭我妈一句，而我妈则夺他酒杯，不让他喝了。所以，他只好承认错了。

我老爸好玩的事太多了，我和他有时候没大没小的，只要不过火，他就不会在意。我总感觉，如果我和老爸都"正经"了，那我们的感情反而变坏了。或许我和我爸也会"多年父子成兄弟"。

评点 其实在心底根本没有要贬低父亲的意思，故意这样蓄势，先抑下去，再扬起来变高嘛！

---

4. 设置悬念。设置悬念是在文章的某一部分设置一个疑问或矛盾冲突，以造成读者某种急切期待和热烈关注的一种写法。设置悬念是记叙文写作中的一种表现手法。

例文　我的小小心愿

他厚实的背影在远处的灯光下渐行渐远。那条小巷的灯依旧没变，可是巷口的记忆，却随着他的背影愈渐明晰。

因为巷口里总有他。即使风吹雨打，严寒酷暑，我依然喜欢在小巷的另一头，永远怀着一个小小的心愿，等待我的父亲。

小时候，我不懂他。我不知道"父亲"具体的印象，那大概是个陌生的叔叔。在母亲和姐姐的照料下，即便没有他，我的生活也依然多姿多彩。

母亲却常细细地告诉我："快去巷口看看你父亲回来了没有。他从很远的地方回来，特别想你呢！"那时我常用怀疑的眼光看着母亲。望望窗外，小巷的灯亮了，却是别人家的父亲背着孩子欢笑而过的身影。

从那时起，我就常常埋怨他。可是我又总忍不住偷偷地在巷口，期待他的归来。那时巷口里的小小心愿，便是让其他小伙伴也知道，我也有一个"好"爸爸。

我不知道别人的羡慕，是否真能换来内心对父亲的认可，只是在巷口静静等待。

直到在夕阳西下的美丽黄昏，我似乎才感觉到一种厚重却又似曾熟悉的味道扑面而来。在昏黄街灯下走来的父亲，脸上的喜悦却不能掩盖历经沧桑的风尘。

他看到我从小巷的另一头向他飞奔而来，他惊喜地抱起我，一路上用他那胡楂刺着我的脸，迎着微风回家。

我以为我那小小的心愿实现了，以为我的生活终于有了父亲的身影。

可没过几天，他又背上行李，强忍着不回头，不挥手，独自消失在巷口。

母亲总说父亲是为了我才出去工作的。可那时我大哭着冲父亲说："我不信！你本来就不是一个好父亲，你从来没有称职过！"

我真的不信。我的家长会他从来没有参加过，我读几年级他从没问过。我真的恨他。

可岁月或许会改变。

直到有一次父亲的归来。沉默寡言的他给了我一封长长的信，我读着读着，眼泪就这样沾湿了信纸。

原来是我不懂父亲。他可以为了我奔赴远方工作，可他又曾多少次望月思念女儿；他多么想参加一次女儿的家长会，黑夜里的他曾无数次为此徘徊；他多么想回家陪陪妻女，可现实的残酷将这美梦一次次割得鲜血淋淋……

他总是在电话中向母亲询问女儿的情况，总能知道女儿生活的点点滴滴，他从来不说，他以为他最爱的女儿会懂的……

可是对不起，父亲，你走进我的房间，刚躺下的我眼角还有晶莹的泪光。你温暖的双手轻轻地拭去我的悲伤，静静地走向巷口的灯光。

那一天，我又站在小巷的另一边。是的，现在我有一个小小的心愿，我要告诉父亲，他是世界上最好的爸爸，女儿终于懂他了，并且永远爱他。

即使隔着万水千山，即使有未曾消除的隔膜，但女儿的心愿会随风飘去，送给远方最爱我的父亲。

父亲是女儿一辈子的旋律，女儿要用最美的爱，用一辈子的时光轻轻吟唱。

5. 前后对比。对比是写作中一种常用的手法。它通常将不同事物或同一事物不同的两面列举出来，加以对照，突出矛盾双方的最本质特征，使形象更加鲜明，起到相反相成的艺术效果。运用在记叙文中，人物前后的不同反应能够起到很好的冲击效果，增强文章的起伏感。

例文 回 家

"你看我这手，天天在厂里扛布袋，回家还得做饭、洗衣服，手都皲裂了，一洗衣服整个儿就肿了。"妻子将手伸到丈夫面前，满脸的不快。

"可咱家哪有钱买洗衣机啊！"男人看着妻子的手，明白她的意思。他知道妻子不容易，可又有什么办法……

"你去问妈借嘛！"妻子盯着他，"妈这几年天天拾破烂，存的钱少说也有千把块了。她又整天只穿那一件蓝布褂，吃饭不吃肉，肯定存了不少了……我见过那张存款单，她天天揣在身上。"妻子一副神秘的样子。他从烟雾中抬起头，眼神复杂得让人发慌。

第二天，男人骑着自行车转到了那个熟悉的小院子。院子很空很干净，几只"叽叽"叫着的小鸡崽儿在院子里追逐着，折腾得院子中一股生土味儿。男人叫了一声"妈"，随着长长的应声，一个六十多岁、精神矍铄的老人走了出来。

"怎么有空回来？"老人褶皱的脸更多了些褶皱。

"哦，妈，最近身体怎么样？"

"蛮好，蛮好。"

"你还在捡破烂吗？"

"嗯，城里人啊，就是浪费。我经常捡到一些还没开封的食品，刚到保质期，还好着呢！唉，这些人哪！"

男人鼻子有些酸。他用手搓了搓鼻子，但随后记起了妻子的话。

"妈……我……"

"怎么了，有什么事？"老人望着支支吾吾的儿子问。

"妈，您的存单还在吗？我想……买台洗衣机……辉儿他妈那手怕泡……"男人望着老人的脸，低下了头。

院子出奇地静，只听到抢食的小鸡的"叽叽"声。

"不行，这钱不能给你们这么花，回去跟辉儿他妈说，以后不敢洗衣服，我帮她洗，反正我没事做。"老人说完转身走进屋里，留给儿子一个背影。

寻常的日子总是过得飞快，男人家终于迎来了不寻常的一次。儿子考上高中了，但需要交2000元学费。男人家充盈着欢快的气氛，但不久，学费的问题一点点地吞噬着家里的欢乐。

"孩子他爸，你看，这钱向谁借啊？"妻子炒着菜，"吱吱"的炒菜声让人更觉得烦。男人不作声，只是皱着眉头。

"叮咚！"门铃响了，男人皱了皱眉头，站起来开门。

"妈，你？"

"辉儿考上高中，我心里一股子高兴劲儿，本来寻思着让你回去拿钱，可心里闹腾着想来，就一路走来了。"老人从兜里掏出一张存款单子，递给呆愣在那里的儿子。儿媳拿着的铁铲忽然停在空中，半天没有落下来。

例文 她是个性格多变的人

她——我的妈妈，一位平凡而又伟大的母亲。而她的性格，却像五月的天——令人捉摸不透。

她是强硬的。

"起床了！起床了！上学快迟到了——"妈妈大清早便扯着嗓子喊起来。

"再睡5分钟，就5分钟。"我苦苦哀求道。

"不行！7点45分了，等会儿弹琴课迟到了！"妈妈用力把我揪出了温暖的被窝。

当我以迅雷不及掩耳之势洗漱完毕，准备去上课时，又被妈妈给吼了回来。

"过来吃早饭！"

"快迟到了！回来再吃呗！"

"不行！必须吃早饭！快点儿过来！"

在妈妈严厉的目光下，我吃完了早饭，才被"放"出家门……

每当我写作业时，家里通常会上演这样的戏码：

"妈妈！这道题怎么做？"

"哎哟——自己再好好想一想！"妈妈并没有帮我。

"真想不出来嘛——"

"你还是没用心，像你这样，将来踏入社会，走上工作岗位，遇到难题还能再求助我吗？回去再好好想想！"老妈一番说教后，我回到了房间，冥思苦想起来！此时的妈妈是这样强硬，我知道这是她爱我的表现。

但，她也是温柔的。

放学了，天公不作美，下雨了。望着阴霾的天空，我的心情也像这天气一样。

出了校门，"妈妈！"我一眼就看到了妈妈，并脱口叫了出来。

我快步奔向妈妈，妈妈把伞往我身边挪了挪，便和我一同朝家走去，妈妈的半边衣服，正一点儿一点儿地被雨水打湿。

回到家，妈妈柔声问我："冷不冷呀？"

我摇摇头说："不冷。"

"妈给你熬点儿姜汤，你等会儿啊！"我点了点头，此时的妈妈是那样温柔，我知道这是她爱我的表现。

但，她更是小心谨慎的。

每次出门前，妈妈总是不厌其烦地提醒我要带的东西，一遍又一遍地告诉我，让我路上小心。此时的妈妈是如此小心谨慎，我知道这是她爱我的表现。

她是强硬的，是温柔的，是小心谨慎的，但是她那多变的性格以及变化的原因都是我，而她那多变的性格同样也是她爱我的表现。

对于我，她有着多变的性格，不变的爱。

评点 前文写妈妈的强势，后面写妈妈的温柔，形成鲜明的对比，这是一个怎样矛盾的人？最后用"爱"来统一它们，多变的性格，不变的爱。真好！

六　高分技巧六：独特视角

记叙文的写作中常见的视角有两种：一是站在人的角度，一是站在物的角度。一般的记叙文都习惯从人的视角来看人、事、物，很容易带来视觉疲劳。如果转换一下视角，用物的眼光来审视生活、表现生活，常常会收到意想不到的效果！

例文　我是生活的主角

我把爪子轻轻缩进肉垫里，沿一条直线向它走去，走到一片草丛后面，我的目光锁定了它。它却紧盯着它的西葫芦，抱着啃，啃得满脸是汁水。我起势，飞快地一扑，月光下一道矫健的曲线，伴着它的"吱吱"声，沉寂在夜里。

这已经是我当一只家猫以来咬死的第四十七只老鼠。

我眯着猫眼，骄傲地竖起胡须望着主人，主人走到我面前，用大而温暖的手抚摸了我机灵的脑袋，看见在我爪下魂归西天的老鼠，脸上挤出了一点儿微笑。像是早已准备好似的，我爪前出现了一小盆有着稀疏肉条的粥，还冒着热气。我"喵呜"一声，一猫舌搅下去。当主人转身离开时，我眼角的余光瞅见他脸上的不快、落寞，但更多的是他瞳孔不甘的收缩以及嘴角泄愤的抖动。

看着主人略显单薄的身影，我转首望向门口，想起了往事。

那天空中飘着雪带着雨，我蜷缩在一户人家门口的墙角，瑟瑟发抖，凌厉的寒风刮得我猫毛飞旋，我又冷又饿，饥寒交迫。积雪堆到了我的胸口，身上又脏又僵。就在我颤抖着结成冰的胡须觉得自己没有了希望时，意识模糊的我感觉被人抱进了房屋，在绵软的毯子上、温暖的炉子前，被喂了一口暖暖的小米汤。我身上暖了起来，意识变得清醒，我活了下来。

我很感激我的救命恩人，从那时候起，我就在他菜地里保护蔬菜，捕捉老鼠，他就是我的主人。我们相处得很好，我捉老鼠，每次捉到他都会给我好吃的，奖励我。就这样，一年过去了，那一亩蔬菜地在我的保卫下变成了繁荣的"三亩"，我与主人日渐亲密，他每次遇见我，都会笑呵呵地抚摸我的脑袋。我从一天两顿的米汤变成了一日三餐的白粥，有时还会有肉呢。

但是今天的主人极不寻常，难道主人嫌弃我了？为什么呢？我在门口的石凳上趴着，百思不得其解。

眯着眼睛看见天边血红的晚霞，像极了屠夫刀上的血，猩红而可怕。我身边响起一个厚重的脚步声，粗壮的腿脚在夕阳的映衬下拖成树桩一样的倒影，我抬高猫眼，不禁打了个寒战，好像有把滴着血的屠刀对着我的目光，大汉高大凶悍，他脸上一道竖直的疤清晰可见。他就这样盯了我一秒，然后不屑地大步走进门去，这之后我才感到一阵轻松，好像从刀板上回来了一样。我心感不妙，小心翼翼地跟了上去，他走进了主人的房门，我则悄悄地在房门旁卧着，竖直了我的猫耳。

"你走吧，我是不会卖的，它对我是如此的重要。"主人锁着眉头轻轻地说。"最近猫肉火锅卖得可俏了，我给350元，怎样？"大汉努力保持着微笑说。主人的眉头从黑线变成皱纹，从皱纹变成黑线，最终还是咬着牙说："那我也不卖。"一声震响，桌子震了震，茶杯里的水洒了一桌子，滴滴答答往地上流。大汉往刚才击打桌面的拳头上吹了口气。"哼。"他不悦地起身出去，那厚重的脚刚迈出门外，大汉就看见了我，挤着布满血丝的眼睛恶狠狠地瞪了我一眼，然后树桩一样的背影逐渐在血红的夕阳下变小。看着这个背影，我突然有种劫后余生的感觉。

我错了，原来，主人眼中的神情是对我的不舍。

转过头来看向主人，主人已经用他那温暖的大手轻轻摩挲我的脑袋，看着他恬静的微笑，为什么我的眼睛有点儿湿润？

评点 独特的视角，我是一只主人捡来的猫，采用倒叙的手法，内容更加跌宕起伏。

七 高分技巧七：
文采飞扬，彰显语言魅力

语言表达：通顺、连贯，初步的写真与表情能力、初步的画面感与生活气息。

马雅可夫斯基说："开采一克镭，需要终年劳动。你想把一个字安排妥当，就需要几千吨语言的矿藏。"没有大量的积累，你的语言就不会如涓涓细流一般自然流淌。倘要掌握个性化的语言，更是经过大量阅读才能达到。如果你的语言运用达到了信手拈来的地步，随便写点儿什么都会很不错。

例文 岁月中的您

小黄伞摇摆在泥泞小路上，雨滴顺流而下，漫延至小黄伞的边缘，掉落在发梢上，您摇摆的身影走在岁月的信笺上——

背着我，走了很远很远……

曾 经

"走在乡间的小路上，暮归的老牛是我同伴……"狗尾巴草荡漾在秋日的芳香中，金黄色麦子的馥郁麦香传遍乡间的每一个角落。岁月中有那样一页记忆，淡淡地又深深地存放在心灵的深处，不知某日翻出来的，只知道，我早已长大。

小时候，第一次见到您，厚厚的头发，跟妈妈十分相似的眼眸，浅浅的微笑是埋藏在我心底最深层的问候。

不认识您，只知道您叫"外婆"。我天天追在您的身后喊您"外婆外婆"。您将我带到煤炉边，拥着我的手，暖暖的、紧紧的。夜晚我因为水土不服发高烧，您将我背起，带到村外的小诊所。到如今，我仍记得那夜的风雨。

去的路上我昏昏沉沉的，头搭在您瘦弱的肩上。您手里的那把小黄伞将雨水打在我的裤脚上，我不懂吱声，依旧趴在那柔柔的肩膀上。雨滴落，节奏分明，像您沉重而有规律的脚步声，一步两步、三滴四滴，倒在您温柔的臂膀，像夜行船找到爱的彼岸，在永远的宁静中睡着……

梦里，我跌跌撞撞，直至醒来才发现，是那条小路坑坑洼洼的，您紧紧托着我的大腿，迈过道道深沟浅壑。到了诊所的小木门前，您放下我，向前敲了敲。夜已深沉，您害怕医生已经歇息了，落在木板上的敲门声很大很大。我躲在您的身后，探出一个小小的头，很想问外婆："您在干吗呀？"我不敢说出口，您还不是那个我理解中的"外婆"。

直至您听到医生说要给我打针。记得那时您紧张得不得了，非说小孩子还小，就没必要打针了，那么痛，两岁的小孩怎么受得了。

亲爱的外婆，忘记告诉您了，我不怕。

回家的路上，您一手托着我的屁股，一手为我撑着小黄伞，您湿湿的头发像天空的绵稠乌云。我接过您手中的小黄伞，我想我一辈子都会爱您。

外婆……

你能写好记叙文

渐　变

"唉，孩子……"

当火车穿过条条隧道，走在回家的路上时，那通电话、那爽朗的笑声让人听了有些心酸。我多想说："外婆，别逞强。"

在我七岁那年，您从二楼跌落下来，您不吭声，没给任何一个子女打电话。谁也不知道您摔断了腰骨。妈妈说您总是那样，怕麻烦别人，总是自己挑起大梁。在家里，从来都是您说了算，从来都不会被别人看到自己脆弱受伤的一面，一直做着一个铁娘子，默默地承受着岁月中的变故。而静悄悄的，并不代表无人知晓。

最终，大家还是知道了。您让妈妈不要带我回来看您，说那儿条件差，住宿环境不好，小村子里的医院没有床位，可妈妈拗不过我。但是在医院门口，我被姑婆带走了。记得那天天黑得早，我没有勇气战胜怕黑的恐惧爬上楼梯去看您。我一个人背着蓝色的小书包走在路上，不言不语。姑婆牵着我的手，可我的头一直不停地转过去转回来，丝毫不知自己在期待什么。期待您的出现，也许。可明明是知道您下不来的。

灯光将我的影子拉得很长很长，拖至屋前的墙壁上，黑黑的、沉沉的，就连心也是墨色的。花败了，我随手将姑婆家的东西一砸，本以为因为表现不好，姑婆就会把我领回您身边。不过是我想多了，我闹着把姑婆家的每个房间都睡一遍，本以为姑婆会生气，威胁我让我回到医院，睡在潮湿的地板上。不过是我又想多了，姑婆一再宽容我，其实我只是太想您了，外婆。

我意识到您老了，不再是那个背我去看病的年轻外婆。

但是没关系的，外婆，我会好好爱您的……

而 今

孩子，外婆爱你……

您离那个装满我童年回忆的村落越来越远，我离开您身边的时间也越来越久。华灯初上，灯红酒绿，世界汪洋一片，烟火泛泛。路边的小狗无人照看，自己曾经的田地也交由他人照看。我离开您，太久，太久……

就像看到您撑着拐杖，才想起您去年在家中滑倒，摔断了腿。若不是您的老同学劝您去医院看看，说不定您又是随便抹抹活络油就过去了。您的头上银丝缕缕，您的身上伤痕累累。您再也没有力气提重物，因为您老了，需要休息了。看到您现在有些不平衡的身体，我总会自责一番，若有我陪在您的身旁，您或许就不会发生这样那样的事了。

我讨厌您准确地记得我的生日，在我生日那天，给我打电话，然后只是说了一句两句就挂了电话。而挂电话前，总是不忘叫我努力学习，争气点儿。

明明很讨厌，当生日快到之时，却很期待听到您的声音。

外婆。

这份文字沉淀太久，这份爱沉淀太久。但我对您的爱还无法沉淀，这正是我爱的。

外婆……

评点 小作者语言的运用真是到了信手拈来的程度，简单的开头就把人带到一个创设的情境中来，语言极简极美，画面感极强。多处的景、情、人一体化，没有任何刻意的痕迹，可以看出小作者的语言运用能力极强。

例文　雨淋湿我

长衫旧，梦未央。

——题记

青春的笔锋浓转淡、淡转浓，她如秋月寒江音容寂然，坠入倒挂在树间的光影暗纹，落地生根。

灵是我的好友，是一个各方面都很优秀的女孩。她擅长音乐、舞蹈，成绩优异，面容姣好。

表面风光靓丽的她，内心却有说不尽的愁绪。

那也是我认识她很久以后才窥视到的——那些只属于她的愁绪，千丝万缕。

"无言独上西楼，月如钩。寂寞梧桐深院锁清秋。剪不断，理还乱，是离愁，别是一般滋味在心头。"

这些凄美诗句，勉强能道出她的愁绪。

每个人都需要穿过生活的波澜，只有穿过后依然处变不惊，才叫成长。

灵认为父母重男轻女，好吃好穿地对待弟弟，对自己却漠不关心，只会大骂；灵觉得在这世上很少有人愿意去接纳她，形单影只的感觉真的很难受；灵甚至说班上部分女生敌视她，处处磕碰让她的成绩下降，最后得来的还是父母的飞沫和他人厌恶的眼神。

我说："为什么会这样？"

她紧闭双唇。不言的少女，我看见了她眼里的泪，像碧波流淌，像一抹月光。

半响。

"你知道被雨淋湿是什么感觉吗？"

我怔了一下，说："很不舒服吧。"

"不，那是一种很透彻的感觉。纯粹地跌入雨的温柔中，把不安埋葬于即将蒸发的雨中。我可以闻到一股来自平静心灵中的气息，就像有一句话，叫什么来着？哦！'与山水共清欢，与岁月共长眠'。"

　　这时候的她总是特别的从容。

　　我望着她，真想循着风的方向，去涂抹她黯蓝的忧伤。

　　后来，我一直回想着她的话："被雨淋湿是什么感觉？"

　　黛色的夜幕碾过欢喜惆怅，她轻倚月光。

　　"啊，来到这里散步，此生无憾啊！"她张开双臂，搅着空气中的水蒸气，在草场上翩翩起舞。

　　那是一片巨大的草地，冷绿的草儿疯长遍地。踩在上面，就像踏在了柔软的云上。我们一边散步，一边聊天，笑声飞过一片碧蓝长天，摔在一缕缕月光上。

　　忽然，夜幕压了下来，发出低闷的喊声，铺天盖地。

　　看着铺天盖地的雨水，我有点儿蒙。就这样，呆滞在雨中。

　　雨淋湿我！如果母亲在的话，定会马上为我撑起大大的伞，不停地担心我会不会感冒。

　　雨淋湿我。冷绿与静默，蒹葭苍苍的古韵，带着一身濡湿的水气。

　　雨敲在我们身上，渐渐地，衣服有些湿了。

　　"我们绕着草地走一圈吧。"灵的眼里波光粼粼。

　　我点了点头，伸出手想抓住空中飞舞的雨丝。

　　就这样，我们傻傻地淋了一场雨，衣服湿透了，但心中好像没有了生活的压力与负担，一身的纯粹。一场雨浇灌了我们，我们像冷绿的草儿一样，优雅从容地成长了。

　　"这应该是我最后一次傻傻地淋雨了。雨淋湿我的感觉固然透彻，但淋多了，也就病态了。"

　　"病态？"

"嗯。在这个尚小的年纪，我不应该这么多愁善感。从今以后，我要主动地张开自己的双手去迎接新朋友，好好学习，在未来，自己闯出一片天，收获很多很多梦想，明媚地长大！"她仰起头，我忽然看见了她眼里的明媚，仿佛一朵正灿烂盛开的花火。

　　我的酒窝亮了。

　　雨停了。

　　后来的后来，她的成绩重新回到了上游，交到了几个知心好友，尊敬爱戴自己的父母，青春枯木生花，她如"凤凰浴火，涅槃重生"。

　　那种天空泫然泪下的感觉，永远埋没在灵青春的冢墓中。她伸出手，为高高升起的云朵揩泪，从此，她的生活因为那次明媚的思忖再次燃烧了起来。

　　雨淋湿我，我透彻纯粹。

　　雨淋湿她，她浴火重生。

　　评点 语言极其洗练、极其细腻地写出了灵的凤凰涅槃，很多词语运用很精准，文中很多极短的句子用得很妙。

　　细节描写能够更好地还原事物本身，让我们的文字充满了画面感，带领读者不知不觉中走入如画的意境。

例文　夏夜泪雨

　　炎炎夏日终究是要过去的，就像是有些人，有些事，都会被遗忘，都将成为过去的。

夏·邂逅

　　"不好意思，请问可以把蜜糖给我们些吗？"是她吗？那声音清脆悦耳，真像当年她天真地与我嬉戏发出的声音。不是，怎么可能是她呢？她已经转校三年了。这三年来，她音信全无，可能她已忘了我这个曾经的好朋友，可笑！

　　抬头一望，那张脸庞惊讶了，而那股暖流从心头上涌出来。"嗯？滢，是你吗？"那女孩微笑着，美得甜入心底。"你是怡吗？"我亲切地询问。然后，我们俩都笑了，互相拥抱起来。"真想你！"不约而同地把对方拥得更紧，就怕下一秒她就消失了。她已经消失三年了，我不愿再次失去她，失去这个好妹妹。

爸爸妈妈们都互相打起招呼来。不一会儿，我们把两个烧烤炉都放在一起，尽情地吃东西，尽情地在这北海银滩上玩。

可是，两天之后，她们一家都离开了北海银滩，只留下一张寥寥几个字的纸条：不好意思，因急事赶回湖南，这几天麻烦了。另外还有一张小纸条是怡写的：滢，我从没忘记你，只是你走了，我孤单了，不忍再重提往事，想起昔日你我的情谊，还是要画一个句号，对不起！怡留。

我笑了，肆无忌惮地笑了，同时，眼泪溢满眼眶。没想到，我们最终还是没有留下快乐的一瞬间，只是偶尔想起你那匆匆的背影与甜美的微笑。

曾经发了疯地追，如今拼了命地退。再见，朋友，永别！

夜·思恋是一种病

怡走了，可是生活仍要继续。这天晚上的夜，真美。那一轮明亮的月亮照射在黑夜中。我抚摸着与大海深处融为一体的黑发，不由得叹息起来：外公。

外公很疼我，我也很爱他。记得小时候，他有空就会带我去乡下玩，他说："乡下环境好，空气清新，最适宜到这儿来游玩了。"他抱着我，"所以呢，我会常把我的乖孙女带到乡下来玩，我们走了！"我紧紧抱着外公，用拥抱的方式代表我爱他。外公每次都带我去河边玩水，一碰到那冷冷冰冰的水，我又兴奋又刺激，便拉着外公一起玩。这时，年老的外公总是推托："孙女，你玩你的，我看着你啊！但是不要往水深的地方去，那边有'妖怪'！"每次想到那里有所谓的妖怪，我都会好奇地想去看个究竟。可是，外公不让。

直到有一次，我趁外公正和邻居家的张婆婆聊天，便往水深那头走过去了！

"啊！！！"一声尖叫。脚踏空了，原来，在那边我不够高。可是，年老的外公与张婆婆脸色剧变，张婆婆在喊人来救我，而外公二话不说，慢慢向水深处游来，把我从水中救上岸。这时的我还在哭泣，外公着急地帮我把口中的水吐出来。一会儿，外公紧抱着我，我死里逃生了。

从那以后，外公就不敢再带我去河边玩水了。可是，我却要爸爸妈妈快点儿教会我游泳。

一直沿着沙滩走，想起这一幕幕往事，不由得哭了。外公几年前就去世了，我非常想念他，想念他的好，想念他的笑。但是我不能再孝顺他了，这柔软的沙子轻抚我的双脚，就像外公在看着我成长。

外公，我想你，也爱你。夏风轻轻来过，又轻轻走了。

泪·终究成为我们

我们去看相声，那里非常热闹，可是一张门票就要50元钱。这时，一个穿着俭朴而清秀的小女孩走向售票处，踮起她的小脚尖，习惯性地从口袋里拿出20元钱，递给售票员。然后拿着票，高高兴兴地走了进去。

起初对这个女孩没怎么留意，后来我发现她一直很集中精神地在聆听。后来，相声讲完了，这个女孩子手捧鲜花献给那个已上了年纪的相声演员。我怀着好奇心上前询问："请问，你喜欢听相声吗？"她感到很诧异，摇了摇头。我又问了一次。

她摆动的手做了一个动作，意思说她的耳朵听不到。顿时，我疑惑了，我还以为她能听见说得这么好的相声呢。这时，相声演员走了过来，并微笑着说："我是她的爷爷，她从小就父母双亡，耳朵又听不到。可是她每次都会用她捡破烂或者帮别人做家务赚到的钱来买门票，坐在一旁听我说相声，她也挺喜欢相声，可是……"

顿时我就惊讶了，我还以为这情景只会在小说里出现，没想到还真有人如此坚强。即使听不见，也来感受感受，这太令我感动了！

我知道她能勇敢地面对这个世界，我很高兴。可是，我知道，总有一天，她也会和我们一样去聆听这个世界。加油吧，小女孩。

雨·弥足珍贵

窗外还在"哗啦啦"地下雨，我翻开龙应台的《目送》。这本书讲了龙应台和她生活中的事："母亲的老""父亲的逝世""儿子的离开"等。

龙应台是一个好母亲，也是一个好女儿。她在书中写道："我慢慢地、慢慢地了解到，所谓父女母子一场，只不过意味着，你和他的缘分就是今生今世不断地在目送他的背影渐行渐远。"对呀，我们不断地成长，不断地闯荡世界，只留下父母看着我们离开，他们的悲伤有谁能懂？而我们只是在有困难的时候，才会想到父母。

可是，毕竟父母是我们最亲的人，我们不能不管他们，我们应该侍奉他们到老。

看着看着，我不由得望了望窗外，雨还在下，可是，心也在不停地洗刷着。

这个暑假，我收获很多，学会了珍惜，学会了知足。也明白了一个道理：有些事，只能一个人做；有些路，只能一个人走。

评点 看似无关系的四个故事，用在了一起，从他们的身上，看到"我"对人生的思索：学会珍惜，直面人生。叙事能力极强，画面感很强，四个小标题也设置得极为精巧。

例文　一句真话，才是给老人最大的安慰

前几个月，正值盛夏，就在这个热气腾腾的夏天，我们的大家族，也闹了一场轰轰烈烈的纷争。而这个纷争围绕的中心，就是我们家族86岁高龄的奶奶。

大伯因高血压引起脑中风，入院躺了近一个月，情况危急，时时刻刻都有死亡的危险。原本秩序井然的家族，因这件突如其来的事情瞬间乱了套，你跑早、他跑中、我跑晚，乱成一锅沸腾的粥。大伯的子女，也就是我的堂哥堂姐，无论是烈日炎炎，还是大雨滂沱，一天到晚都往医院跑，大包小包地一天来来回回进出五六次。有工作的请假，没工作的整日守候，老老少少都派上了用场。

这还不是这件事的中心点。家族里很多人都为此事忙晕了头，而奶奶对这件事却是完全不知晓。家里一半人说不要把大伯的事告诉奶奶，怕她受刺激，承受不了这个打击，到头来搞不好连老的也病倒了。还有一半人说这事一定要跟老人家说，毕竟大伯是奶奶的长子，在这种时候，儿子最需要母亲的关心，哪怕是一句简短的话，正如初生的婴儿不能离开母亲一般。为此，两方人发生了争执。而这时，病重的大伯仍然直挺挺地躺在充满药水味的病房里，全身上下插着管子，吊着针，他紧闭着眼，丝毫不知外界的事情，就如与世隔绝一样。

一个星期后，天气晴朗，太阳高高地挂在碧蓝碧蓝的天空，爸爸正和姑妈在医院里忙着。这时，一阵刺耳的铃声响起。爸爸顺手拿手机应了一声："喂？"听筒里传出微弱的声音："喂，是阿强吗？"这是奶奶打来的电话，意思是叫我们七月十四回去过节，回去吃个饭，而且还要爸爸转告大伯，早点儿回来。爸爸看着躺在病床上的大伯，沉默了一分钟，然后慢慢地对奶奶说："妈，阿森同工友去旅行了，这回，可能回不来了。不然，我早点儿回来帮您？"话音刚落，就听见听筒那边的

奶奶失望地回了声："是吗？那算了吧，你们早点儿回来。"然后没了声，电话就挂了。

爸爸看了看正躺在病床上的大伯，深深地叹了口气。那天晚上，我们如常地来到奶奶家，那晚的气氛，我记得，很沉默，很寂静。在奶奶眼里，没有了大伯的这顿饭，就如华丽的餐桌上少了一束高贵的花一般，少了氛围。

之后的几天，爸爸和姑妈天天都驱车带奶奶去兜风，喝茶，逗她开心，希望她能别问起大伯的事。大家也帮着爸爸圆这个善意的谎言。可过了一天，伯母突然来电说大伯醒了，说大伯梦里总模模糊糊地提起妈妈。我们听到后，心都要凉了。母亲是那么挂念儿子，儿子也是那么时刻惦记着母亲，而我们这些后辈，却不让他们通一通电话，甚至不让奶奶知情，多么残酷啊！

不知是不是母子之间心有灵犀，他们在一个恬静的下午打了一通电话，没有任何人知道。大伯把自己的现状一五一十地告诉了奶奶，令我们惊奇的是，奶奶听后的反应很坦然，出乎我们的意料，她表现得很坚强，这也许是一个饱经风霜的老人的作风吧！他们在电话里互相安慰对方，一幅母子问候图呈现在我的眼前，那是多么让人感动！

为了奶奶，我们编了多么可笑的谎言，为了奶奶，我们曲曲折折，费了那么大的劲儿，才把前面的谎继续圆下去，可最后还是回到了最初的原点。这件事情，让我们每个人都受益匪浅：有时候，未必只有善意的谎言才能使老人安心，才算是孝敬老人，真言，抵万千！要是真的为身边的老人着想，就实实在在，实话实说，无须隐瞒！

评点 把亲情放在矛盾中去写，把谎言放在亲情中去写，手法很高明。戏剧性情节，细节刻画传神，手法老到。

第三章 × 如何积累作文素材

你能写好记叙文

每当提到作文，同学们最头疼的是找不到典型的事例、生动的材料来表情达意。实际上，在我们的身边就有许许多多的鲜活、感人的事情，只是因为自己没有通过较好的途径去寻觅而已。

第一节　如何在阅读中积累素材

阅读是积累作文素材非常重要的途径。

先来思考一个问题：什么是阅读？

百度百科给出的解释：阅读是从视觉材料中获取信息的过程。视觉材料主要是文字和图片，也包括符号、公式、图表等。

通俗一点儿讲，狭义的阅读或平面的阅读一般是指读纸质书、电子书和图片图表，等等。

广义阅读，立体式的阅读包括：音乐、电影、动画片、电视剧、话剧、音乐剧、纪录片、小品、相声、综艺节目、新闻，等等。

百度百科说，阅读是一种理解、领悟、吸收、鉴赏、评价和探究文章的思维过程。而我认为阅读是一种理解、领悟、吸收、鉴赏、评价和探究文艺作品的思维过程。这里的文艺作品不仅仅是文章，还包括绘画作品、工艺美术品、影视作品，等等。

是的！要想写好作文，就不能只研究文章和作文，你得学会在生活中的各种有趣好玩的东西上获取写作素材和灵感。

一、在电子产品视听节目中积累写作灵感

《跨界喜剧人》是2016年非常火爆的综艺节目。其中令我印象最深刻的，是乐嘉和黄小蕾的小品《手机综合征》。他们用非常夸张的形式表现了手机给人们的生活带来的不良影响。

在喜剧小品里，因为对手机极度依赖，乐嘉和黄小蕾的身体健康岌岌可危，记忆力锐减，听力下降，颈椎、眼睛受到严重伤害，最重要的是手机几乎完全隔断了他们与亲友、爱人之间的正常沟通。

手机就像毒品一样，让我们上瘾，扰乱我们的生活，到最后不得不接受隔离治疗。

最后，乐嘉的女儿打电话说："爸爸，我每次抢着玩你的手机，是因为只要我把你的手机玩没电了，你就可以陪我玩了。"

在场的观众和主持人都被感动得纷纷落泪。

这个小品的取材贴近生活，又非常真实。早在2016年3月，一个10岁的小女孩因为用iPad搜索"怎样才能让妈妈不玩手机？""爸爸妈妈不理我是不爱我了吗？""怎样才能让妈妈更爱我？""如果我是爸妈的手机就好了"……引起各大媒体的高度重视，手机综合征，手机对家庭亲子关系的危害，一时间被提升到前所未有的热度。

联想到年幼的女儿刚刚学会说话，就知道咿呀咿呀地说："妈妈别玩手机了，求求你了。"我有感而发，写了一篇文章《妈妈，我要是你的手机就好了》，被无数育儿类媒体转载。

去年小升初考试中，广东省某地区的作文题目就是《手机》。很多学生的作文空洞，只注重华丽的语言，而忽视了记叙文的本身是讲好一个故事。

是的！新闻、电影、动画片、暴走漫画、音乐等，任何理解、领悟、吸收、鉴赏、评价和探究文艺作品的过程，我们都称之为阅读。

任何好玩的东西都有可能成为我们的写作素材。

推荐几个适合积累作文素材的综艺节目：

《中国成语大会》《中国诗词大会》《见字如面》《鲁豫有约》《老梁故事会》《老梁观天下》《圆桌会议》《奇葩大会》。

二、在动画片和电影中积累写作素材

我记得有一次我在讲作文素材课时讲到，动画片也可以成为我们的写作素材。很多学生觉得不可思议，动画片那么幼稚的东西不是用来消遣的吗？怎么可能成为写作素材？

其实国外的很多动画片做得都非常精致，很有教育意义和借鉴价值。譬如，宫崎骏的电影《千与千寻》《龙猫》《哈尔的移动城堡》《天空之城》《起风了》等，以及把家庭教育讲得非常透彻的《小猪佩奇》，这几部动画片豆瓣评分非常高。

就拿我女儿最爱看的《小猪佩奇》来说，《小猪佩奇》讲的是一家四口的快乐生活，人物对话很多、很家常，故事很有趣、很贴近生活，每个人物形象都很鲜明、很可爱。特别是猪爸爸的形象，相信一定是很多爸爸的翻版。自大、迷糊、容易焦躁，却又特别可爱。动画片里，他们一家人的故事，他们的喜怒哀乐，都是那么真实地贴近我们的生活，就好像发生在我们身边。

动画片每集很短，5分钟一个故事，开心活泼，却在不知不觉中渗透了分享、热爱自然、鼓励尝试、养成良好的卫生习惯和勇于承担责任等道理，润物细无声地道出了家庭教育的真谛。

第一集《泥坑》，佩奇和乔治都喜欢在雨后的泥坑里跳，跳到满身、满脸都是泥巴，然后开开心心地回家。这种情况大部分中国父母都会把孩子大骂一顿，埋怨他们把衣服弄脏了。可是猪爸爸猪妈妈却没有，只是让他们穿上雨靴再跳，说："没关系，只是些泥而已！"并穿上雨靴一起加入到跳泥坑的队伍里。对啊，只是些泥而已，衣服脏了可以洗，可是孩子得到的快乐和陪伴却完全不一样！没有一句指责和埋怨，教会我们的却是：只要保护好自己，且不妨碍别人，就应该鼓励孩子去尝试。

其实《小猪佩奇》中有很多我们熟悉的生活场景，也道出了很多教育和生活的意义。只要我们稍微留点儿心，稍做思考，这些都可以成为我们的写作素材。

很多优秀的电影也带给我们很多感悟和灵感，譬如《阿甘正传》《肖申克的救赎》《海上钢琴师》《乱世佳人》，等等。

看完电影，要养成写影评的习惯，把令人感动的画面记录下来，这样，你看过的电影就能变成你的写作素材。

2015年，我的好朋友正经婶儿在看过《夏洛特烦恼》后写了一篇《马冬梅，醒来觉得甚是爱你》一炮走红。

在此之前她开过五个公众号，写了无数篇文章，都没有起色。就在她打算放弃时，电影《夏洛特烦恼》的影评《马冬梅，醒来觉得甚是爱你》刷爆了朋友圈。

可见，影视作品是很好的写作素材，不容忽视。

三、在经典名著中积累素材

蒲松龄先生的《聊斋志异》，相信很多人都看过小说或影视作品。他那些传神的妖魔鬼怪的故事，都是从哪里来的呢？

关于《聊斋志异》，大家可能听过传得很广的一个说法。据说，蒲松龄在创作时文思枯竭，难以下笔。他知道自己缺乏写作素材，便变卖家产，在他的家乡柳泉路口旁边摆茶摊，铺下席子，煮绿豆汤、茶水供路人歇息解渴，他不收分文，只求路人讲一则故事。之后，他把这些路人口述的故事回家加工整理成篇，写成小说。这个说法是《三借庐笔谈》中说的。

此外，他还有一个取材途径，就是到古人的书里找素材。《聊斋志异》里大概有一百篇小说，都改写自前人作品。前人作品有时候记得非常简单。比如说，在六朝小说和唐传奇当中记载了三个小故事，叫《纸月》《取月》《留月》。纸月就是有一个人，能够剪个纸的月亮照明；另一个人取月，能够把月亮拿下来放在自己怀里，没有月亮的时候照照；第三个人留月，能够把月光放在自己的篮子里边，黑天的时候拿出来照照。都很简单，一百来字。蒲松龄看完写了《崂山道士》，是大家很熟悉的聊斋故事。

你看，蒲松龄先生创作《聊斋志异》的过程，无论是听别人讲故事，还是在古书里找素材，都属于广义阅读的范畴。

那么，如何阅读才能积累到写作素材？

（一）一定要读经典

1. 如何挑选适合自己的书

阅读是写作的源泉。

而大多数中学生在课堂以外的阅历太少，课本以外的阅读太窄。阅历暂且不谈，这里只说阅读。

其实，很多中学生的阅读热情之所以没被点燃，可能是因为还没有遇到合适的书。

此前所读的大部分书籍，可能都缺少智识上的乐趣，换句话说，它们要么太容易了（《西游记》不就是师徒四人取经路上打妖怪嘛），要么太难懂（博纳富瓦说雪"来自比道路更远的地方"是什么意思？）。归根结底，一半是书的问题，一半是自己的问题。好在这两个问题都是可以解决的，只是前者需要方法，后者需要时间。等你发现了更多合你口味的好书，等你发现了更为广阔的世界，体会了更为丰厚的人生，你的阅读兴趣也会日益增强的。

王不了老师给大家的选书建议是：

第一，要有趣。不喜欢的，哪怕是再了不起的名著，也可以先放一边。喜欢的书，碰到读不懂、看不进去的部分，也可以先跳过去。

第二，要有益。

首先，比不读书更有害的，是读了太多坏书。

其次，时间有限，书海无涯。

仅2015年，中国出版的各类书籍就达314459种，读得完吗？所以，读书之前，先要懂得选书。这里只说一句：时间是最好的筛选者。在你懂得选书之前，可以记住一个选书原则：读那些经过时光考验的好书。有趣和有益这两个原则合起来，就是一句话：在好书中挑自己喜欢的读。

2. 信息爆炸时代为什么一定要读经典

日本作家芥川龙之介曾经在《河童》中写道：**"必要的思想或许早在三千年前就已穷尽，我们现在只是给旧柴添把新火罢了。"**

是的！"经典"是时代、民族文化的结晶。人类文明的成果，就是通过经典的阅读而代代相传的。

这是一个信息爆炸的时代。

这是一个所有人都想成为"作家"的时代。

这是一个要想出版书籍，必须成为网络红人的时代。

依靠话题炒作的畅销书和网络爆文，让文学森林日渐荒芜。

为了吸引读者眼球，写作者们已经失去了情怀和底线。

然而，写作和阅读是最不能赶时髦的。

我的作者朋友王不了曾经说过："任何事情都可以赶时髦，唯独阅读不行。因为每一时代最流行的读物正如啤酒的泡沫，看似丰厚，实则浅薄。过度沉浸在时髦读物里，只会导致智识上的平庸，纵使天资过人，也不过是精致的平庸。这是阅读不能赶时髦的原因。"

他还曾说："表现欲太盛，永远写不出真正的好东西。抱着取悦读者的心态去写作，就如同表演胸口碎大石一类的神技，一心要博得观众喝彩。这便是聪明反被聪明误，换句话说，就是聪明得太过愚蠢。"在这个"粉丝经济"时代，许多有才华的人都被媚俗二字框住了，无法脱身。这是写作不能赶时髦的原因。

作家和网络红人是毫不相干的。在这个纸醉金迷的社会，写作者应该始终保持傲骨，勿忘初心。

我经常看到有作者朋友在朋友圈吐槽，讨好式的写作让他们很焦虑。

在这种焦虑的心境下，讨好式的作品在深度、表现力、洞察力等方面与经典名著相比，明显存在优劣之分。

斋藤孝在《深阅读》中曾明确指出："如果平庸的作品继续得势，人们花大量的时间阅读这些书，就是精力的严重浪费。既然要读书，就该选择文化修养更加深厚的伟大人物的书。"

放眼古今中外，无论是雨果、托尔斯泰，还是孔子，都是功底深厚的文化大师，能让其作品里的人物针对社会问题侃侃而谈，很多场景都展现出令人惊奇的深刻思想，他们不只是文笔好或会编故事这么简单。

斋藤孝甚至毫不客气地说："连一千本书都没有读过的人想当作家，这本身就不可能。"

日本作家山田咏美也曾直言不讳地说："写小说应该在精读世界文学以后再去尝试。"

（二）一定养成良好的读书习惯

下面分享五个有效读书的好习惯。

1. 边问边读

发现问题比解决问题更难。拥有再优秀的头脑，发现不了问题也无济于事。

读书亦如此。养成边提问边阅读的习惯，就能提高兴趣和关注的持久力，从而更容易吸收书里的内容。

认真思索作者抛出的每一个问题进行阅读，这样能更清楚地帮你把握全文脉络。

2. 多种感官参与阅读

光用眼睛看字不叫读书。

对阅读来说，参与的感官越多，记忆力就会越清晰，对书本身的内容理解得也就越透彻。

譬如，读书时，老师并不提倡学生默读，而是要求学生出声朗读。这是一种训练，通过声音来让语言沁入身心，提高阅读的趣味性。

3. 养成做读书笔记的习惯

读书时在关键词语下做标注，折叠起关键页的页脚，书才能成为自己一生的财富。

俗话说得好，"好记性不如烂笔头"。边读书，边做读书笔记，不仅能够加强记忆，帮助我们深刻理解作品，还能够提高阅读转化率。简而言之，只有边读边做读书笔记，我们在写文章的时候，才能有效地把我们读过的书利用起来，从而实现阅读转化，把书中的精髓消化成自己的。

4. 有声读物，效果惊人

耳朵里听到的话容易在大脑里形成影像，精神自然而然就会集中，所以，课堂上老师在饱含深情地朗读时，平时闹哄哄的学生会突然安静下来。如果老师朗读技巧高超，学生更容易沉浸其中，这样的授课与其说是教育，不如说是享受。

5. 读书破万卷，下笔如有神

读书破万卷，下笔如有神。一句话揭示了阅读与写作之间的关系。

一般写作较好的人，他的阅读量一定不会少，而且所涉猎的文章范畴也会比一般读书人广泛。也就是说，大量阅读是写好文章的必要条件，而写作能力的高低是衡量一个人阅读水平的重要标准。

阅读一方面能够为我们的写作积累素材，另一方面也能陶冶我们的情操，增加文学修养或者是知识积累。不仅如此，阅读还能够提升你的文化底蕴，拓展你的视野，提高你对生活的感悟能力。

但我们所说的大量阅读，并不是什么书都读，也不是一本书中什么都读，应该有所取舍，阅读的重点也应该有所区分。即使是名著，里面或多或少也存在一些无关紧要的东西，这些东西我们就可以不去读，要发扬鲁迅先生"拿来主义"的精神。

杨际德曾在《写作课的真谛在哪里？》中提到，我们读书要读文章、书籍中的精华，去其糟粕，因为只有这部分凝聚了作者最多心血的东西对我们最有用。就像一锅经过文火慢慢熬出的鸡汤一样，精华营养都在汤里了，至于鸡肉，只是一个形式而已，简单处理掉就行了。我们将鸡汤的营养吸收掉，化为自己的东西，用于增强体质。实际上也就是说，将文章中的精华用来作为我们写作的知识积累，并为写作添枝加叶，增强文章的内涵和可读性。

除了读书破万卷，我还主张读书过百遍！

是的！不管什么样的书、什么样的文章，你只读一遍肯定无法吸收到里面的精髓。一般的读书方法是先通读一遍，再逐字逐句精读，这时候要学会做读书笔记。那么，如何做读书笔记最有效呢？

第二节　如何做读书笔记

众所周知，读书是积累作文素材的一个非常好的方法。

然而，很多学生却表示，明明看了很多书，但写作文的时候，脑袋里依然空空如也，不知道该如何用。其实，这是因为没有注重阅读积累和阅读转化效率。何为阅读积累？阅读积累指的是你看的书籍能真正记住多少。请记住，这里的记住不是大概模糊地记住故事梗概，而是记住详细的描写细节、优美的语句和作家独特的写作手法，以及可以借鉴的点。

何为阅读转化率？就是你看的书籍，能够输出多少。

那么，如何实现阅读积累？

如何才能实现阅读转化率？

如何读书才能真正积累到写作素材呢？

最简单的方法——做读书笔记。

中学生和大学生做读书笔记，还有些不同之处。

大学生以及成人做读书笔记，可以借助电脑或手机，做一些摘抄，归纳总结，甚至是思维导图，以及书评，等等。

网上关于做读书笔记的方法有很多，有一些做得很花哨，其实并不适合中学生。

我们所在的三鑫理想学堂，有两位阅读量非常惊人的老师。

我常常开玩笑形容他们是"行走的图书馆"，王不了和李宏老师，他们八年来的阅读书目足足有几千本。而且他们的阅读习惯非常好，读书笔记做得非常规范，其中王不了老师一本书的读书笔记，竟然足足有六七万字，着实很惊人！

下面分享一下李老师和王老师做读书笔记的方法：

一、利用好每本书封二内侧的空白页，做重要关键词索引。

打开王老师和李老师读过的书，他们每本书的封二都密密麻麻地记录了重点、关键词的页码。这样以后拿起这本书，看一下就知道这本书的重点在哪里，而不是从头细细翻阅一遍，既省时又省事。

二、做好摘抄，并经常复习。

成人摘抄可以借用电脑和手机，但是中学生不允许带手机，只能借助摘抄本。其实摘抄本是非常好的，誊写一遍，能够加深记忆，还能顺便练一下字。要知道一篇优秀的作文，一手清秀工整的漂亮字体起了决定性作用。

最重要的一点是，摘抄本方便自己为摘抄内容做标记。

三、如何为重点内容做标记？

一般来说，如果只是用一种符号做标记，不太容易区分重点、难点和优美语句。

可以尝试设计三种符号，譬如波浪线、三角形、五角星等，加以区分标记。

四、记得定时拿出来复习。

有很多人做了读书笔记，就压在箱底不看了。事实上，这样的读书笔记做了跟没做一样，当初做好的详细标记也会慢慢忘记。

正确的方法是每天早上晨读的时候，拿出摘抄本来复习一下，背一背摘抄的优美语句。

附：
（一）绝大多数人都蠢得厉害——《作家笔记》摘录

<blockquote>
■文：王不了
</blockquote>

1

几年前，在惠州巽寮湾，毛姆的《刀锋》曾伴随我度过了一个怡然自得的假期。虽然书里的情节早忘得差不多了，但它给我的朦胧印象还在：这部小说的作者大概是个狡黠风趣、世事洞明的家伙。

2

读完《作家笔记》，对他的印象又要加上几笔：毛姆不是那种让人仰望的作家，读他的作品，你可能会说他机智、练达、直白、温情、幽默，还有几分刻薄。他终身对哲学持有浓厚的兴趣，虽然在思辨方面他并未表现出过人之处，他当然是个聪明人，但你不会把他想象成那种目光深邃的思想家。

3

写作方面，他也不是那种以强烈的个人风格著称的作家，他手艺精湛，但对于写作乃至艺术的见解大都很平实。换句话说，关于艺术，这本书没有什么标新立异的见识让你借以炫耀——或许正因为这样，他在中国的声誉与他的成就并不相称。

4

毛姆的笔记原有十五卷，他从中挑选部分出版，是为《作家笔记》，中文版近26万字。此书纯以年份划分，从1892年到1944年，从他十八岁到七十岁，不计次序，题材驳杂，景色、格言、见闻、故事素材、风土人情……它是名副其实的笔记本，一个作家的素材库。

5

下面是对本书的摘录，每段末尾的数字即页码。我觉得，这本书里最好的文字是那篇后记，它最能表现毛姆的魅力。通过这篇后记，你能感受到一个七十岁的老绅士的明达、睿智与可爱。可惜它太长了，我没有足够的勇气将它打出来。

6

"是的，我有十五个孩子，而且只用了两个老公。" P19

7

曾经有一个法学教授告诉他的学生们："打官司的时候，如果事实对你有利，把它们'砸进'陪审团的脑子里；如果法律对你有利，把它们'砸进'法官的脑子里。"一个学生问："那要是事实和法律都对你不利呢？""那就拼命砸桌子。"教授回答。P196

8

那是在一场家庭宴会上，邮件刚刚送到。女主人递给她一封信，她认出这是自己情人的笔迹。她打开信开始读。突然她发觉自己的丈夫就站在身后，从她背后读这封信。她把信读完，然后把它递给女主人。

9

"他似乎爱得很深哪，"她说，"但要是我是你，我就不会让他给自己写这样的信。" P283

10

我经常想，我要是记得字母表，那我的生活该多轻松，能省下多少时间啊。我若不先默念G和H，就搞不清I和J的位置。我不知道P是排在R的前面还是后面，至于T的位置，我到今天都记不住。P357

11

绝大多数的人都蠢得厉害，说谁谁在常人之上真算不得什么恭维。P7

12

大部分人长得真是丑啊！可惜，他们也不知道该待人随和一点，也好补救一下。P7

13

一个人越聪慧，就越能承受磨难。P21

14

人们之所以对劳动大肆赞扬，是因为它让人"有聊"。愚蠢的人一旦无事可做，就百般无聊。和大家一起劳作是唯一能拯救他们脱离无聊的途径，但因此管劳动叫高尚真是可笑。做一个闲人需要多才多艺而且修养极高，或者要有一个与众不同的头脑。P30

15

宽容是冷漠的别称。P34

16

只有没主见的人才接受道德规范，有主见的人有自己的准则。P35

17

一个人的境界在享用大餐时最能体现。P38

18

生命的尽头。就像人在黄昏时分读书，读啊读，没有察觉到光线渐暗；直到他停下来休息，才猛然发现白天已经过去，天已经很暗；再低头看书却什么都看不清了，书页已不再有意义。P57（了按：这是对"不知老之将至"最形象、最富有诗意的描述。）

19

看起来，有常识只是不动脑子的代名词。它由孩提时的偏见、个人癖好，以及报刊评论构成。P75

20

"痛苦使人高尚"。人们发明出来为痛苦辩护的所有理由中，这一条最蠢。之所以有这样一个说法，是因为基督教觉得有必要证明痛苦合理。痛苦不过是神经发出的信号，告诉机体现在的状况对它有害。如果我们说痛苦使人高尚，那我们完全可以说危险信号使火车高尚。……在绝大多数情况下，痛苦绝不能提高人的修养，只能让人变得粗暴无情。住院的病人便是一个很好的例子：肉体上的疼痛使他们变得过于关注自我、自私自利、牢骚满腹、毫无耐心、不公正且贪婪。我可以列出一长串由痛苦导致的毛病，却举不出一个优点。贫穷也是一种痛苦。……贫困让他们变得既贪婪又卑鄙，既奸诈又虚伪。……如果他们的经济条件稍微好一点儿，他们一定会是正直高尚的人，但在贫穷的折磨下，他们丢掉了廉耻心。P77（了按：171页也表达了类似的意思。）

21

对个人来说，道德最多只能表达个人满足，它仅仅是个审美问题。P79

22

外国人想要最大限度地深入了解一个异族，就得靠阅读，而在这方面，读二流作家要比读一流作家更有用。伟大的作家会创造，而稍次一点儿的作家则是临摹。关于俄罗斯人，契科夫能告诉你的远比陀思妥耶夫斯基要多。P166（了按：一般译作契诃夫。外国人了解异族的表述也有问题，最好去掉外国人。）

23

多愁善感是唯一能把你惹毛了的情绪。P347

24

年少时，我装作自己无所不知。这常给我惹麻烦，让我显得像个傻子。我想我这辈子最有用的一个发现就是说"我不知道"是多么容易。我至今没注意到有谁因此就看扁了我。唯一不便的是，你表明了自己不知道某些事情，有些人就会唠唠叨叨、长篇累牍地把这些事一股脑儿地告诉你，他们乐此不疲。但是这世上有很多事情我根本不想知道。P348

25

我对作家的理论总不太信任，那些理论从来都只不过是作家为自己不足找来的理由。所以，若是哪个作家没本事编出合情合理的故事，他就会告诉你，对于小说家来说，讲故事的能力是众多才能中最不重要的；而如果他毫无幽默感，他就会哀叹正是幽默毁了小说。P2

26

我没什么非凡的天才，但我有刚烈的性格，多多少少弥补了我其他的不足。我有理智常识。大多数人什么都看不见，我却能把面前的东西看得一清二楚。最伟大的作家能看透砖墙，我的目光还没这么犀利。长期以来，人们都说我愤世嫉俗，我只是一直都说实话罢了。我就是我，我可不希望别人把我看成别的样子；而另一方面，我也觉得自己没有必要接受别人的虚饰伪装。P166

27

有一位夫人的儿子有点儿文学天赋，一天她问我若是他想要成为一个作家，我会建议怎么训练他。我估计这提问者也不会把我的答案当真，于是这样回答她："每年给他一百五十镑，给五年，叫他见鬼去吧。"后来我琢磨过，觉得这个建议还真不错，比我当时想象的好多了。有这笔薄资，年轻人不至于挨饿，但也不够享受，文章憎命达，享受是作家的大敌。有这笔薄资，他就可以周游世界，而由于囊中羞涩，比起手头宽裕的人，他更有可能看到生活的多姿多彩、五光十色。仅有这笔薄资，他会常常穷到身无分文，为了衣食住行而辗转于各种有意思的工作之间……尽管非常优秀的作家们生活窘迫，但他们书写得很好，不是因为环境使然，而恰恰是因为不受环境影响……他不需把一件事做到极致，但需要什么事儿都做一点儿。要我说，就应该让他把补锅匠、裁缝、士兵、水手挨个当个遍；让他情场失意，饥肠辘辘，烂醉如泥；让他和旧金山的无赖玩牌，同纽马克特的马探打赌，与巴黎的公爵夫人调情，和波恩的哲学家辩论，与塞维利亚的斗牛士一起驭牛，和卡纳卡人在南太平洋里畅游。世上所有的人都值得作家去结交，每一件事情都是他磨坊里的谷物。哦，拥有天赋，年方廿三，前方五年的游历时光，每年有一百五十镑，若是这样，该有多美！P276

28

人们总就写作风格小题大做……我们力图句子平衡、有节奏。我们大声朗读句子，看它听起来好不好……然而事实上，从古到今最伟大的四个小说家：巴尔扎克、狄更斯、托尔斯泰、陀思妥耶夫斯基，写作的时候根本不关心语言。这证明，如果你会讲故事、创造人物、设计情节，而且如果你真诚、具有激情，那么你的语言如何根本无关紧要。不过不管怎么说，写得好总比写得烂要好。P347

29

一个小说家，除非能做到让人相信他，不然他就完了。可如果他完全可信，他就可能会枯燥乏味。P350

30

作家不需要吃掉整头羊才能告诉你羊肉是什么味道。他只要尝一片肉就够了。但他必须尝。P350

31

能细腻微妙是一种才华，你若有自然会表现出来，这是抑制不住的。它就像原创性，没有谁努力努力就能获得原创性。有原创性的艺术家不过是在做自己，他表现事物的方式是他自觉最正常、最显而易见的，因为那表现方法对于你来说是新奇新颖的，你就说他

有原创性。P361

32

此外，161谈托尔斯泰、陀思妥耶夫斯基、契诃夫等。263谈普通人难以把握，要真正了解芸芸众生，就得对他们感兴趣。264谈到从前小说中详尽外貌描写之无用，而如今作家不写外貌也有逃避困难之嫌，"他们似乎从未发现人物体态特征对人物性格有多大的影响"。

【思索与见闻】

33

毛姆，特别是青年时代的毛姆也曾思考过信仰、道德、友谊等问题。从这本书里来看，他自青年时代便不信上帝，也许他是用哲学作为代替吧，那似乎也是为了找到某种类似于正确答案的终极理论，当然，他没能找到。他的思想比较平易，并无特异之处，或许只是我个人与他契合之处较多吧。

34

1917年，四十三岁的毛姆在笔记中说：

我读过许多哲学著作，虽然有些赞成绝对事物存在论这种理论很理智，不知如何否定、驳斥它们，但对于"宗教"一词的通常所指，我有一种与生俱来的不信任……P169

35

直到他七十岁的时候，他依然说：

……我不知道上帝到底存不存在。人们证明它存在的论证中没有一条有说服力，而伊壁鸠鲁早就指出，信仰需建立在直觉上，那样的直觉我从来没有过。而关于为什么既有一个全能、至善的上帝，世间还能有罪恶与之和平共处，一直也没有人能给出个合理的解释。P388

36

毛姆对于信仰的怀疑，其本质是追根问底的探索精神，是好奇，这一点最能引起我的共鸣。像许多人一样，我也希望做一个有独立思考能力、有主见的人。但读书阅世越久，越是发现，古往今来，真正有主见的人其实是极少的。苏格拉底说："未经省察的人生不值得一过。"那么我想说，真正的哲学家省察人生、思索终极问题，就像矿工采掘煤矿，而其他的知识分子则只是省察哲学家的省察结果，就像人们选购经过加工的煤，然后各尽其用。但思想对于个人生活的影响到底有多大？青年时代的毛姆有个观点十分有趣：

一个人的生活并不受他的处世哲学支配，他的处世哲学不过表达了他的欲望、本能和弱点。P17

37

与信仰、道德等问题相关的笔记中的一部分出现在P13，P15，P17，P22，P32，P35，P70，P72，P86，P168，P388，P394。至于人生感悟，尤以P277和本书后记最有意味。

38

这本书里记录了大量的见闻，它们中有不少本身就是有意味的超短篇，其中一些出现在P6，P39，P98，P104，P107，P207，P275，P288，P339，P351，特别是P104，P288，P351这三处值得注意。

书名：《作家笔记》

作者：[英] 毛姆

译者：陈德志 / 陈星

出版社：上海译文出版社

出版年：2015-8

（二）软弱如水，柔韧如水——《沈从文年谱笔记》

■文：王不了

1

有些作家他的作品你读得很少，但就是莫名地喜欢，甚至觉得自己很了解他。我对沈从文就是这样。

2

他一直是我喜欢的作家，但事实上我关于他的作品的阅读少得可怜——去年以前，我似乎只读过《边城》，金介甫《沈从文传》，以及人文社《沈从文散文选》的一小部分。所以，七个月前，当我几经犹豫终于买下凌宇《沈从文传》的时候，就在那本书的扉页上写了一句话：

先喜欢你，再了解你。

3

一个月前，我花了一周时间翻完了这本厚厚的《沈从文年谱（1902—1988）》（673页），这是我头一次把一个人的年谱读得如此津津有味。很大程度上，这应当归功于书中所录资料的翔实与生动。在我对沈从文的阅读经验中，最有阅读乐趣的便是张兆和编选的那本《从文家书》，其次就是《边城》和这本年谱。

4

下面的摘录比较随意，全凭个人喜好以及运气——翻到哪里是哪里。我本想将此书认真梳理一次，好向学生做个示范，但断断续续做了三四周，几乎每次都是用三五分钟的零碎时间敲打文字，我的耐心已经消磨殆尽——范本是做不成了，为了不让它永远存在草稿箱里，只得草草结束它。

5

引文多处引用、化用了《年谱》原文，凡标引号而未注明出处者，都是沈的原话与回忆，由《年谱》转引自《沈从文全集》（1982—1984，花城出版社），每段末尾括号里的数字即相关资料在《年谱》中的页数。

【北京】

6

许多故事都发生在夏天。1923年夏天，沈从文患热病四十天，病刚好，好友陆弢游泳时溺死，他"痴想了整四天"后，决定到北京读书，"看看我自己来安排一下自己，比让命运来处置得更合理一点儿呢还是更糟糕一点儿。"那年他21岁。

7

他原以为能"半工半读"求学，到京后，清华、北大等入学无门，中法大学倒是考上了，却交不起28元的食宿费。他便每天去京师图书馆分馆看书自学、去琉璃厂等处流连观望，"可以说是在社会大学文物历史系预备班毕了业"。沈从文是自学者的典范——哪一个了不起的作家不是自学者呢？这似乎是写作与其他手艺的重要区别。（P16、17）

8

54年之后，即1977年10月20日，沈从文在给助手王亚蓉的信中谈到设法把孙女沈红转学到北京一事：

这事得要东城区文教局有熟人，就好办……为她借读事，可还不知应找谁说句公道话！不意半世纪前我在京上不了中学。过了快六十年，又轮到小孙女上中学还无办法，事情也真巧！（P558）

9

一年后，沈从文依然为孙女读书的事而焦心，他在给儿媳张之佩的信中说道：我因为从一个极僻远的乡村来到大都市，又没有上过中学，直到现在，过了快六十年，表面上一切已像个城里大知识分子，其实许多方面，还没有摆脱小乡村的小市民、低级小职员的不中用，怕事、怕人、怕官、怕一切的心情……（P560）

10

我认为这是非常客观的自评，不是自谦。

【窄而霉小斋】

11

刚到北京，因为身上只有7块6毛钱，沈从文由表弟黄村生找关系，搬进了不需付房租的前门外杨梅竹斜街的西西会馆。（P17）翌年春，又在黄村生帮助下搬至西城的庆华公寓，住的是公寓里由贮煤间改成的小房，他给"这个仅可容膝的安身处，取了一个既符合实际又带穷秀才酸味的名称——'窄而霉小斋'"（《忆翔鹤》）。这个斋名一直被沿用到"文革"后他迁进社科院的宿舍楼为止。（P18）

12

沈从文几乎一生都为住房问题困扰。1972年2月，经过干校三年的"改造"，七十岁的沈从文因病重获准请假回京治疗。（P510）同年8月，张兆和也由湖北丹江回到北京，单位替她在羊宜宾胡同三号安排了两间房子，总计"十九（平方）米半"，沈从文则住在2里之外的东堂子胡同，这样工作和接待来访者更自由。此后数年，老夫妇分居两处，沈从文便以"东家食而西家宿"的方式两头奔走。他每天去小羊宜宾胡同与家人同吃午饭，并带回另外两顿饭食。（P520，526）

13

1980年，海外的"沈从文热"渐渐感染国内，有学者研究他（P571），有导演正计划将《边城》拍成电影（P576），他后半生最重要的作品《中国古代服饰研究》已然定稿（P578）……时年八十岁的沈从文却依然蜗居。1月中旬某日，大雪纷飞，香港商务印书馆总编辑李祖泽抵京，前往小羊宜宾胡同拜访沈从文，商定《中国古代服饰研究》出版细节。因房中只有一张藤椅，客人推让不愿独坐，两人遂站在院中畅谈，任大雪飘落身上。（P582）

14

对读者来说，这雪中畅谈的画面或许颇具《世说》意味。不过，同年2月28日，沈从文在给老友巴金的信中所说的可就毫无诗意可言了：因住处只有一张桌子，目前为我赶校那拟印两份选集，上午她（指张兆和）三点即起床，六点出门上街取牛奶，把桌子让我工作。下午我睡睡，桌子再让她使用到下午六点，她做饭，再让我使用书桌。……（P583）

15

沈从文曾多方求助，终于在这一年5月2日，在社科院院长胡乔木的安排下，他搬到前门东大街三号、新侨饭店后的社科院宿舍大楼507室，房子为一小三居室套间，结束了夫妻"分居"生活。不过，房子面对北京交通要道，日夜车水马龙，在这种高噪声的环境中，他常感精神疲惫，难以正常工作。此后三年间，曾有多篇文稿在这里动笔，却大都没有完成。（P588）

【交游】

16

长安居，大不易。1924年11月，穷困潦倒的沈从文给素未谋面的郁达夫写了一封诉苦的信。郁达夫接信后冒着大雪去沈从文寓所看望他。见沈从文仍着单衣，郁达夫便将自己身上的羊毛大围巾解下给他围上，又请他到西单牌楼四如春吃饭。结账时，郁达夫把找回的三块二毛几分钱都给了沈从文。随后，郁达夫在《晨报副刊》发表了《给一个文学青年的公开状》，为沈从文鸣不平。此后又将

他介绍给《晨报副刊》的两位主编，两人答应给沈从文的习作以发表的机会。（P19）

17

此后三年多的时间里，沈从文共在《晨报副刊》发表作品一百余篇。这个刊物是沈从文创作起步阶段的重要平台。如果没有郁达夫，或许沈从文的人生将是另一番景象。奇怪的是，后来两人似乎很少再有交集了。

18

北京的文化氛围是很好的。当时的沈从文只是一个毫无名气的文学青年，但与他交友的人士却有徐志摩、闻一多、罗隆基、潘光旦、叶公超、胡适这样的名流。到底是他运气好，还是当时风气使然？（P30，69）

【中国"第一个职业作家"】

19

沈从文曾自称是中国"第一个职业作家"。（P45）他到北京的前5年的发表与出版情况如下：

1925年，23岁，发表作品60余篇。（P33）

1926年，24岁，辞去香山慈幼院图书馆职务，完全靠写作为生，发表作品70余篇。（P45）

1927年，25岁，出版中篇小说《压寨夫人》及散文书信集《到世界上》。（P52）

1928年，26岁，发表作品40余篇，首次有长篇小说《旧梦》与《阿丽思中国游记》1、2卷问世，出版《入伍后》等单行本、小说集10余种。（P69）

1929年，27岁，编辑《人间》《红黑》两种刊物，协编《新文艺丛书》，发表作品30余篇，出版文集《呆官日记》《神巫之爱》等。（P79）

从1925年至1929年5年间，沈从文共发表作品200余篇，出版集子20多个，这些作品包括小说、散文、诗歌和戏剧等多种体裁，他因而赢得了"多产作家""短篇小说之王"和"中国的大仲马"的称誉。（P79）

21

1973年，71岁的沈从文在给杨琪的信中回顾了自己的创作历程。谈到自己从事文学创作的动机时，他说："我主要重在学习、试验，看看用不文不白不中不西比较接近语言的文体，不同过去的表现方法，用三五千字组成不同形式的篇章，看看能不能在由唐人小说到《聊斋志异》，以及五四以来如鲁迅先生的短篇的水平上，有所突破，送到世界上去，至少也可和契诃夫、莫泊桑比肩，或得到超过的效果。"（P522）

22

在谈到自己成功的因素时，他认为创作前期的主要动力在于报刊的需求与生活的压力。当时"报刊都有部分篇幅需要小说填空……随着不久上海又有个'新书业'兴起，维持和发展主要还靠小说"，而自己"为解决基本生活，只能从产量上想办法"。而在多写当中，"就各方面题材去练笔，深一层明白如何用不同格式文字去处理不同题材、不同问题、不同对白"，创作也就逐渐走向成熟。此后进入大学从事写作教学，有时还兼编一二报刊，"生活有了保障，体力且正好，文字又比较成熟，一面为同学搞创作示例，所以真可说扎扎实实地写了约六年"。（P523）

【我的工作行将超越一切而上】

23

"这世界上或有想在沙基或水面上建造崇楼杰阁的人，那可不是我。我只想造希腊小庙。选山地做基础，用坚硬石头堆砌它。精致、

结实、匀称，形体虽小而不纤巧，是我理想的建筑。这神庙供奉的是'人性'"。（P178）

这是沈从文在1936年的一段自述。

但是，在此后天翻地覆的变革中，他的希腊小庙却失去了立足的根基，特殊的时代不允许他凭着内心的需求写作。此前莽莽苍苍的文字丛林，再也容不得他纵横来去。解放后，他的作品被焚毁（P360），他能做的只是打扫茅房，当博物馆的讲解员，参与改造学习，并逐渐转入文物研究领域。（P325，329）

24

大环境的威力是难以估量的。有时候，他会"觉得《湘行散记》作者究竟还是一个会写文章的作者。这么好的文笔，听他隐姓埋名，真不是个办法。但是用什么办法能让他再来舞动手中的笔呢？……"（P382）时间给出的答案是：没有办法。在彼时的氛围中，"每一个作者写他的作品时，首先想到的是政治效果、教育效果、道德效果。更重要的有时还是某种少数特权人物或多数人'能懂爱看'的阿谀效果。他乐意这么做，他完了。他不乐意，也完了。前者他实在不容易写出有独创性独创艺术风格的作品，后者他写不下去。"（P428）

25

他认为自己的错误在于曾经以为"文学是个能独立存在的东西"。（P448）

26

在沈从文的后半生中，固然"跛者不忘其履"，甚至"还简直不忘飞奔"！（P423）但强悍的时代一次次将他扑倒在泥潭里，"人难成而易毁"，他的写作能力就这样被禁锢，直至最后。（P391）

27

1980年10月27日，沈从文应美国一些大学的邀请，偕夫人离京赴美讲学。这次讲学历时三月，从美国东部地区到西部地区，最后到太平洋中的檀香山，先后在耶鲁大学、哥伦比亚大学、圣约翰大学、哈佛大学、乔治·华盛顿大学、普林斯顿大学、芝加哥大学、斯坦福大学、伯克利大学加州分校、旧金山州立大学、夏威夷大学等15所大学讲学23次，并与当地学界人士多次进行交谈或聚谈。讲学内容有中国的新文学、中国古代的服饰，以及自己从文学写作转到物质文化史的研究情况等。（P595）

28

11月7日，沈从文正在哥伦比亚大学演讲，由夏志清主持，傅汉思担任翻译。同日，《光明日报》刊登了一篇文章："正当沈从文被冷落的时候，国际上却掀起了一股'沈从文热'……在香港，沈从文的选集出了一百多种；美国大学里，已经有四个人因为研究沈的作品而得了博士学位（一位是澳大利亚学生），有三十多个青年研究沈从文的作品获得硕士学位；在巴黎一所大学的中文系里，要考取'终生中学中文教员'，必读的四本中国文学作品，内中就有沈从文的一本；在香港、日本，正出版或翻译沈从文的全集或选集。"（P596）

29

在《沈从文年谱》的结尾处——也就是沈从文人生的结尾处——见到这些光明的消息，我常常因为百感交集而放下书本。如果要问我想到些什么？说不出。一定要说，那就是两联诗句了。

一联是：夕阳无限好，只是近黄昏。

一联是：千秋万世名，寂寞身后事。

30

事实上，我相信沈从文内心深处对自己的事业是充满自信的，但这反倒给他带来更为深重的痛苦。1934年1月，因母亲病危，沈从文赶回湘西看望。一路上他给张兆和写了许多信——沈从文酷爱写信。依我看，沈从文作品中最具吸引力的是书信，其次才是小说。在1月18日的信中，他第一次提到印选集的想法：因为我看了一下自己的文章，说句公平话，我实在是比某些时下所谓作家高一筹的。我的工作行将超越一切而上。我的作品会比这些人的作品更传得久、播得远。我没有方法拒绝。我不骄傲，可是我的选集的印行，却可以使些读者对于我作品取精摘优得到一个印象。（P147）

31

每次读到这段话，我总是感到心里有根弦在微微颤动。纵观沈从文一生，诚可谓毁誉参差，大起大落。作为个人的沈从文，软弱如水，也柔韧如水；但作为作家的沈从文，却无疑是位巨人。如果时间真是最公平的裁判，那么，未来的岁月必将赋予沈从文应有的地位。

书名：《沈从文年谱》
作者：吴世勇
出版社：天津人民出版社
出版年：2006-6

第三节　如何在生活中积累作文素材

老舍先生曾说："要天天记，养成一种习惯。刮一阵风，你记下来；下一阵雨，你也记下来。因为不知道哪一天，你的作品里需要描写一阵风或一阵雨，你如果没有这种积累，就写不丰富。经常观察生活，经常积累，养成观察研究生活的习惯。习惯养成之后，虽不记，也能抓住要点了。这样日积月累，你肚子里的东西就多了起来。"

一、名家积累素材的例子

1. 千万粉丝大V思想聚焦的创始人吴雁，曾在我的新书推广中这样评价我的文字："最好的文字，其实是经历；最好的文采，其实是生活。"

对此，我的理解是，好的文字是用心感悟生活后情感的自然流露。是的，正如龙应台所说，好的文字往往藏在生活中那些隐秘的慢镜头中。

简单明了地概括一下就是，好的文字来源于生活细节。文学作品来源于生活，并高于生活。脱离生活的作品，必然是空洞的。

2. 著名作家苇岸被业内称为"五百年才能出一位的大家"。

苇岸喜欢徒步旅行，通过旅行亲近大地，投入大地的怀抱并细致地观察，进而从中汲取创作的材料和灵感。"自然本身的丰富"使他在阅读大地、书写大地的旅行中，获得一种精神家园的归宿感和满足感。为此，在1988年，苇岸开始了为二十四节气拍照的工作，即在其居所附近的田野上，选一固定点，在每一个节气日的上午九点，观察、拍照、记录，最后形成一段文字。经过一年多的准备工作，形成了他的《一九九八：二十四节气》系列散文。然而，当他写到《谷雨》便戛然而止，如同他的生命。这也就此变成了他"最大的遗憾"。

3. 《水浒传》相信很多人都看过，施耐庵是一个非常了不起的作家，能写出一部千古流传的经典名著，成就他为"万年难遇的大家"。据说施耐庵写到"时迁盗甲"时写不下去了，他没有做过贼，也没有做贼的朋友，不知道贼是怎么偷东西的。巧了，有一次贼光顾他家，被他发现了。贼很害怕，施耐庵说："你不要害怕，只要你'偷'一回东西给我看，我不告官，还会送给你银子。"那贼喜出望外，使出浑身本领，施耐庵睁大眼睛看，"时迁盗甲"终于写出来了。

有人说，施耐庵靠观察才写出了"时迁盗甲"。是的！没有亲眼看到，很难描绘出细致的画面感。

4. 唐代诗人李贺，为了把诗写好，他每天起得很早，背上饭兜、锦囊，骑上一匹瘦马，沿着一条小溪漫游。一路上，他细心观察和了解自然风物，即景吟诗，每逢想出佳句就写在纸条上，放入锦囊之中。就这样从早到晚坚持积累生活素材，勤奋地进行诗歌创作。李贺的妈妈看着儿子那装满记有诗句纸条的锦囊，十分心疼地说："孩子啊，早晚得把你的心呕出来才罢休吗？"正因为李贺不辞辛劳，精雕细琢，才使得他的诗篇千年传颂。

正所谓"读万卷书，不如行万里路"，想要写好文章，不仅要读万卷书，还要拥有丰富的经历。

二、为什么老师总会要求我们写日记、写随笔

在电影《灰姑娘》中，灰姑娘参加完王子的舞会后，回来的第一件事就是打开笔记本记录下梦幻的舞会。当时的旁白是这么说的：**瑞拉迫不及待地记下今天发生的一切，这样她就能清楚地记得每一个细节，仿佛在告诉他的父亲和母亲，关于王宫、舞会以及和王子共度的时光，尤其是王子的事情。**

是的，我们所看到的画面、内心深处的感动都是有保质期的！如果不把它及时写下来，很快就会忘记！

生活中从来不缺少作文素材，只是缺少发现的眼睛和及时记录的勤劳双手！

写日记、写随笔，正是我们记录细节和画面、积累作文素材的好方法。

从现在开始，不要为了写日记而写日记，不要为了敷衍、应付老师写随笔。

要为了记录每天令你感动或印象深刻的细节和画面而写。

积累作文素材，最有效、最简单的办法，就是每天记录一个令你印象最深刻的小细节。

你可以记录自己此时此刻的心情、今天的早餐，也可以写一下同桌的外貌、黑板报的内容，或有关校园里某个角落的记忆，还可以记录窗外天空的景致、妈妈跟你说话时表情的微妙变化、刚刚结束的电影中某个记忆深刻的画面，或是突然听到的一句妙语，或昨晚的梦境

片段，甚至是一个词，一种气味……

每天坚持记录一点点，日积月累，你的素材就多了。

要养成随时记录、随机搜集作文素材的好习惯！

在日常生活中，有许多值得回忆与记录的事情，有很多令人难以忘怀的小细节，学会随时记下，或三言两语，或详细记叙，到写作文时，便可信手拈来。

三、随时记录

要随时记录的内容很多，归纳起来，有以下四方面：

第一，可以记下课堂学习、日常生活、劳动、娱乐活动等方面有意义、生动有趣的各种事。譬如，你可以记录课堂上老师标志性的动作、老师讲课时口若悬河的夸张表情；爸爸半躺在沙发上玩手机时，专注的神情和颓废地帮妈妈择菜时有意思的小细节；运动会上锣鼓喧天的大场面、选手们百米冲刺的拼劲，以及啦啦队此起彼伏的呼唤声、呐喊声。

第二，可以写你所看到、接触到的各类人物，譬如，同学、朋友、老师、父母、亲属等，甚至你还可以写校园里打扫垃圾的清洁工大叔，天桥下以行乞为生的阿姨，公交车上专注认真的司机叔叔，以及百无聊赖、漫不经心的售票员，既可以写他们的外貌，又可以写他们的心理活动。

第三，可以写自己的感受、心得、体会。学生在日常生活学习中常常会看到、听到、遇到一些事情，产生一定的看法或感想，记下来就是极好的材料。

第四，可以写自然景物或自然界的变化，如，风雪雨露、闪电、日月星辰、山川河流、花草树木；还可以写祖国各地及家乡的变化等。

作家杨大群说："把生活分门别类地储存到你的头脑中，等到写作时，一提笔，你所储存的生活就像钢笔囊里装满的墨水一样，自然地流淌下来。到那时，就会感到作文是轻松愉快的事，平时汗水滴，笔下才能开鲜花。"

作家杨清生说过与这类似的话："只要有了丰富的生活、开阔的视野，就会有丰富的记忆珍藏。做生活的有心人，坚持记录，记忆的珍藏才不会轻易散失。只有对生活中的记忆有了新的认识，才能抑制不住地要提笔写它，也就极易从记忆中寻找材料了。"引导学生过充实的生活，做生活的有心人，记下那些难忘的生活内容，获得丰厚的习作材料，是作文教学成功的关键。

四、日常小练习：品尝生活中的酸甜苦辣咸

准备的六种食物分别是：山楂（酸）、德芙巧克力（甜）、浓茶（苦）、芥末（辣）、洋葱（辣）、咸鱼（咸）。

分别品尝这六种食物，并迅速记下你吃到嘴里的感觉。要求有细节，有画面感。字数（50～200字），限时60分钟。

写完后，让父母或其他家庭成员评价。优秀者，可以请求父母奖励。不及格者第二天继续训练，直到得到优秀为止。

五、总结：如何在生活中积累作文素材

1. 要养成每天记录一个小细节的习惯。

2. 看到印象深刻的画面和细节，要养成及时记录的习惯。如果无法及时记录，可以记下关键词、画速写，或用手机拍摄照片、视频辅

助记录。

3. 写日记、写随笔正是我们记录细节和画面来积累作文素材的好方法。

例文 爱情保质期：一辈子

■ 苏小昨

年少时，经常听一些所谓的爱情专家说，爱情保质期很短，有的是两三个月，有的是一两个月，有的甚至只有几天。所以，人世间的爱情和婚姻才会有那么多的分分离离。

有时我也在想，这也难怪，就像我们每天喝白开水会觉得乏味，偶尔也想喝点儿茶，换换咖啡，尝尝可乐。又有谁能保证一辈子只爱一个人呢？

很长一段时间，爱情保质期的理论就像一个魔咒，让我对爱情充满了恐惧和不安。以致我二十四岁以前的爱情，就是一张白纸。

直到姥姥和姥爷金婚的时候，我才慢慢明白，原来，相濡以沫、白头偕老的爱情不是童话。

1

姥爷去赶集，刚到地方就给姥姥打电话。

"我看西红柿蛮好的，买点儿吗？"

"买点儿呗！"

"要多少啊？"

"你看着买呗！要个四五斤。"

"好嘞！"姥爷把电话挂了。

没过两分钟，电话又打来了。

"西红柿大的好还是小的好？"

"别太大了，也别太小了，就挑那中等的。"

"那买青点儿的，还是红点儿的？"

"别买太红的，容易坏，也别买太青的，不熟。就要硬邦邦稍微有点儿青的那种。"

"好嘞！知道了！"

挂了电话，姥姥和我抱怨："你看你姥爷，每次赶个集都得打几十个电话，烦都烦死了。"

我笑了："这多好啊！说明我姥爷在意你的想法。我可是各种羡慕嫉妒恨哦！"

2

吃完早饭，姥爷下地去摘菜。

姥爷走后，姥姥就开始忙活着收拾屋子，洗衣服，烧水给姥爷沏茶。

一切收拾完毕，开始给姥爷打电话。

"忙完没？啥时候回来啊？都沏好茶了。"

"马上，再过十分钟，我看黄瓜结得可好了，摘几根回去给你凉拌黄瓜。"

十分钟后，姥爷还没回来。姥姥又打电话。

"咋还没回来？茶都凉了。"

"马上，再过十分钟，咱家韭菜也长得可好了，割一捆回家给你包饺子吃。"

十分钟后，姥爷还没回来。姥姥就怒了。

"大热天的，你瞎忙活啥呢？限你五分钟，赶紧给我滚回来！"说完，"啪"的一声，姥姥就挂了电话。

五分钟后，姥爷的电动三轮车"嘀嘀嘀"回来了，满载而归。

"我要不发飙，你是不是非得干到十二点？大热天的，就为摘那点儿菜，中暑了还不划算呢！"姥姥气呼呼地对姥爷说。

姥爷笑眯眯地对我说："别看你姥姥生气，那是心疼我呢！"

3

几年前，姥姥查出来有糖尿病。医生说："严格控制，不能吃太多甜食和肉类。"

但是有糖尿病的人，偏偏又很喜欢吃甜食和肉。

于是姥爷便把零食都藏起来，吃饭的时候争着吃肉。

姥姥终于忍无可忍，见到我妈她们姐妹几个就开始告状："这死老头子，天天把好吃的藏起来，顿顿给我吃青菜，你看吃得我的脸都绿了。死抠了一辈子，你说留着那些钱干吗啊！"

每每此时，妈和姨们都纷纷数落姥爷："爹，你不能这样，你别那么抠，吃完咱再买，没钱我们给你。"

姥爷一听就急眼了："我不是抠，医生说你妈糖尿病越来越严重了，不能吃这些零食和肉，她就是不听话。我这是为她好，你们懂什么啊？"

我们都笑了："医生是说少吃，没说不让吃啊！"

姥爷低下头小声嘟囔："可是我害怕啊！"

"你一大老爷们儿，你怕啥啊？"姥姥笑道。

姥爷一脸忧郁地告诉我："你姥姥住院时，临床的老太太就是糖尿病没的。"

4

情人节的前夕，姥爷问姥姥："听说明天就是情人节，我送你点儿啥礼物好呢？要不也给你买点儿巧克力吧！"

姥姥白了姥爷一眼："情人节是人家年轻人的节日好吗？你一糟老头瞎起什么哄啊？"

第二天，姥爷去超市狠了狠心挑了一堆德芙巧克力。结账的时候，营业员笑着说："大爷，七块钱一块，您这些一共280元。"

"啥？280？那么贵啊？算了，我不要了。"

后来姥爷拎着一大块肉回家了。

姥姥问："你不是说去给我买巧克力吗？"

姥爷讪讪地笑了笑："医生说你糖尿病不能吃太多甜食，咱们还是包饺子庆祝吧，纯肉馅的！"

吃饭的时候，电视正好播着德芙巧克力的广告，姥爷问姥姥："你知道一小块德芙巧克力多少钱吗？7块钱！就那么大一丁点儿，还是最便宜的。我就拿了一大捧，两三百块，吓死我了。"

姥姥哈哈大笑："怪不得没给我买巧克力，原来是被价钱吓到了。"

姥姥把这件事当成笑话讲给妈妈和大姨小姨听。

妈妈悄悄地和我说："你看，你姥姥虽然嘴上不停地埋怨你姥爷，心里可美滋滋的呢！老两口多浪漫，还过情人节，真幸福！"

5

人都说，老人的觉特别少。

每天晚上，姥姥睡不着的时候，就叫姥爷。

"哎！睡着没？"

"嗯。"

"那陪我唠唠嗑呗！"

"嗯。"

"我们真是老了，觉越来越少了，死活睡不着。"

"那是你好吧，我还年轻呢！"

"少来了，咱们都有第四代了，七八十岁的人，还不服老。"

"嗨！我就不服老。我现在还能翻墙爬树、在屋脊上健步如飞，他们年轻人行吗？说不定还不如我呢！"

"别给我说你爬高的事，一提就来气。你都老胳膊老腿了，逞什么能啊？我就和你说了说，隔壁老李六十多岁了还爬屋脊，第二天你就给我爬上屋脊，来回转了十几圈，你说你较什么劲呢？"

"那老李有啥厉害的，不就爬个屋脊吗？咱比他大五六岁，照样能在屋脊上健步如飞。说明咱老当益壮，不比他老李差。"

"你就知道逞能！你知道我在下面多害怕吗？吓得我心都要蹦出来了，差点儿心脏病犯了。"

"瞧你那鸡胆，不就爬个屋脊，还吓得心脏病犯了，就这么点儿出息？"

"死老头，我警告你，别给脸不要脸，下次再让我看到你爬高，别怪我对你不客气！"

"知道了，干吗发那么大火啊？气坏身体咋办？"

6

姥姥姥爷金婚的时候，大姨和小姨带他们去拍了一套婚纱照。

思想保守的姥姥，特别不能接受袒胸露背的婚纱，拍照的时候表情很不自然。思想前卫开放的姥爷格外配合，还积极地说服姥姥："咱俩风风雨雨五十年了，拍个照留个念多好啊！"

大相框挂墙上后，每次家里来了人都会啧啧称赞一番："金婚纪念真好！老爷子穿上西装真帅！笑得真开心！哎哟，老太太表情不太自然啊！"

每每此时，姥姥都会不好意思地解释："孩子们说金婚拍个照留念，我以为穿着咱自己的衣服合个影就完了，哪知道要穿这袒胸露背的婚纱啊。我说不照了，可孩子们都交完钱了。"

后来姥姥问我："你说这婚纱照挂墙上是不是太招摇了？要不摘下来得了，省得人家笑话。"

我慌忙说："别啊，摘它干吗？这可是金婚纪念，你和姥爷一起风风雨雨走过五十年，多幸福。现在的年轻人熬到金婚多不容易，简直比西天取经还要难呢！"

"为什么啊？"姥姥不解地问。

我一本正经地说："因为现今社会信息太发达，诱惑太多，大家都觉得爱情的保质期很短。婚姻就是爱情的坟墓，所以会有三年之痛、七年之痒。"

姥姥说："你们年轻人所说的爱情我不懂，我只知道，东西坏了不能总想着再换一个新的，再换一个，也不能保证它不会坏，对吧？而且再换一个，也不见得一定就比现在的好。"

年少时，总觉得爱情应该是轰轰烈烈刻骨铭心的。现在才明白，生活又不是琼瑶的小说，哪来那么多肝肠寸断、惊心动魄、山盟海誓和生离死别？平平淡淡才是真。两个人在一起，踏踏实实地过一辈子，相濡以沫携手到老，才是最实在的。

平淡的爱情就像白开水，无味甚至乏味。殊不知，三四十摄氏度的白开水乃人间神水，远比可乐咖啡有益于身体。如果乏味了，你可以放点儿盐，也可以加点儿糖，既有滋味又健康。

姥姥姥爷的故事告诉我，爱情的保质期，分明是一辈子。

全职带孩子的时候，我在姥姥家住了九个月，和姥姥姥爷朝夕相处的时光很美好，也带给我很多灵感。在此期间，我写了《姥爷的眼泪》《姥姥的牵挂》《爱情的保质期：一辈子》《好姑娘那么多，你为什么依然单身》《矫情这种病，生个孩子就好了》等，都是阅读量达十万次的"爆文"。

第四节　如何运用素材

一、《意林作文素材》被称为学生的作文宝典

我从去年开始为《意林作文素材》撰写素材分析，为了更深入地写好素材分析，我找了二十几本《意林作文素材》反复琢磨，发现《意林作文素材》的几个板块，如：热词时文，热点时事直播间（图说热素材、历史留声机、社会万象、文化科教、培根体·锐素材），"意林体"经典素材Culb（梦想剧·励志、真情本·感动、青春簿·成长、智慧树·哲思、身心灵·品德、全球馆·新知），写作竞技场（写作技法大支招、素材妙用手把手、考场时练营、名师升格指导、佳作精英），以及深度素材咖啡馆（第一名人、首席名著、经典美文奥斯卡、微写作、摘抄本）都是积累素材、教你运用素材的宝典！

《意林作文素材》有最大的选稿平台、强大的名师团队，由全国命题专家、阅卷专家组稿，其中清华附中、北大附中等名校特级语文教师，连续4年命中中高考作文、阅读理解！

《意林作文素材》是由意林资深编辑团队深入研究中高考，联合

北大、人大附中等一线教学名师，为中学生量身定做的作文提分读本；帮助学生作文提成绩，语文提水平，视野更开阔，思路更灵活。

二、如何运用好作文素材？

很多同学有这样的困惑，明明有很好的素材，却不知道如何去用。或者因为对素材的构思角度不同，抑或因为对素材内涵挖掘得不够，文章显得平淡无奇，没有任何新意，可惜了那么好的材料。

事实上，同学们并不缺乏作文素材，只不过不会用而已。

1. 设置特定情境

如：朱自清先生的名篇《背影》之所以深入人心，很重要的原因是作者为"父亲买橘"这样一件普通的事情，成功设定了一个特定的背景：祖母死了，父亲失业；借钱办丧事、变卖典质还亏空、家道突然中落……

这种情景下，"父亲买橘"的背影才定格为深沉父爱的标志，作者写的这一个背影才感人至深。

再如：《不发朋友圈的人都在做什么》中，曾经用过一个很旧的素——

一个经常在朋友圈分享深度好文的忘年之交，最近也不再以鸡汤文刷屏。

我在微信上问他："最近忙啥呢？怎么不见你发朋友圈了？"

朋友没有说话，静静地甩给我一条深度好文的链接：

一位老人孤独地拿着一部很旧的手机，走进一家维修店里去维修。

店员看了看手机，告诉老人，他的手机并没有坏。

老人听后，目光显得呆滞，突然哭了起来：

"手机没坏，那为什么我总接不到孩子们给我打的电话？"

慢慢地，老人伤心地拿着手机走出了维修店……

然后朋友问我："你有多久没给父母打电话了？"

我在脑海里努力地搜索了一下，上一次给爸妈打电话还是上个月。

朋友伤感地说："你知道吗？当我们抱着手机刷朋友圈时，我们父母可能也在抱着手机，满心期待地等着我们的电话。

"我为人父，亦为人子。刚刚玩微信的时候，每天在各种深度好文里流连忘返，有时候看到好的文章就想着分享到朋友圈让儿子好好看看。

"直到看到刚刚发给你的文章，我才蓦然想起，儿子已经一个月没给我打电话。当我把刚刚的链接发给他、准备好好教育他一顿时，他竟然问我：'你有多久没给爷爷奶奶打电话了？'

"是啊！我也有一个多月没给父母打电话了，每天拿着手机不停地刷微信，等到想要给他们打电话时，却发现已经将近十二点，心想他们已经睡下了，还是不打扰的好。

"被儿子质问后，我抽出时间回老家看父母，其间还是忍不住拿出手机刷微信。然后70多岁的老母亲颤颤巍巍地拿出自己的手机说：'要不你也教我俩用微信吧！以后就省得打电话了。'我看着母亲用了多年的老牌诺基亚，瞬间泪奔，暗自发誓，以后少玩微信，多陪父母聊聊天。"

可见，一个普通的素材放在不同的情景里面，也会产生令人意想不到的效果。

2. 对素材深入挖掘

（1）展开联想，拓展相关意境，丰富材料内涵。

（2）抓住典型细节，透过表象看到本质，发掘深层内涵。

什么是细节？一个动作、一个神态、一句话、一个心理活动等都能成为文章中的细节。只要能够生动地揭示人物的内心，有力地表达文章主旨的细枝末节，都可以作为文章的细节进行描写。

2015年有一句话在网上广为流传——情商高的表现就是对最亲密的人保持尊重和耐心。

正好那段时间发生了两件事让我对这句话有了更深刻的理解。一件事是朋友和我吐槽，他帮了好朋友一个很大的忙，朋友不仅没说谢谢，还开玩笑说他办事效率低，太慢了。

另一件事就是去亲戚家串门的时候，亲戚当众嫌弃自己老父亲老母亲口臭，数落他们晚上睡觉前不刷牙。

这两件小事让我感触很深，随后，我以广为流传的那句话为主旨，然后对身边那两件小事展开联想，拓展相关的意境，透过事件的表象，去挖掘事情本身的深层内涵，从而写出了以下这篇刷爆网络的《请对最亲密的人保持尊重和耐心》。

前段时间，朋友和我吐槽：你知道吗？我费尽人力、物力、财力帮了好朋友一个特别大的忙，结果，你猜怎么着？他从头到尾连个"谢"字都没说，居然还开玩笑说我办事拖字诀。好歹咱也是自掏腰包，动用各路人脉关系，费劲巴拉地帮了他那么大一忙，不求他感恩戴德，最起码得冲我说声"谢谢"吧！

我安慰朋友说，可能他觉得和你关系很铁，说"谢谢"太见外吧。你不也说，开玩笑说你拖字诀吗？可能你的朋友犯了我们大家都很容易犯的一个错误——对陌生人太客气，而对亲密的人太苛刻。

譬如，我们平时不顺心的时候，不也会对父母大声嚷嚷，不停抱怨，甚至发脾气吗？比起你对朋友的帮助，父母可是含辛茹苦地把我们养大成人，可是我们又有谁会在父母做好饭的时候说声"谢谢，您辛苦了"？大多数时候都抱怨，菜炒咸了，油放多了。试想一下，父母听了这些抱怨该多伤心啊。

朋友若有所思地点了点头。

我们最大的错误就是把最差的脾气和最糟糕的一面都给了最熟悉和最亲密的人，却把耐心和宽容给了陌生人。

对待最亲密的人，我们习惯成自然地不懂礼貌、不会温柔、忘记感恩，不是大呼小叫、不停抱怨，就是懒得搭理。因为太过熟悉了，不知珍惜，而慢慢失去了应有的耐心和尊重。

即使对最亲密的人也要保持应有的尊重和耐心，这是一个人成熟的标志。

突然想起一对七八十岁的老夫妻，虽然儿女们都非常孝顺，每个月都会给他们不菲的赡养费，但是他们却坚决不和儿女们住在一起。起初他们会说，人老了，跟年轻人很多想法和生活习惯都不一样，住在一起麻烦，还是分开住比较舒服自在。

有一天，老人不经意间吐露真情，儿女们都很好，也很孝顺，但是总觉得在他们面前就像犯了错误的孩子，总害怕他们会像教育孩子一样教育我们。

"为什么睡觉前不刷牙？嘴都臭死了。"

"为什么不爱洗澡？衣服领子都成黑的了。"

"老年人不能吃太多肉和甜食，容易引起三高。"

虽然我们都知道，孩子们是为了我们好，但有时候看他们像训孩子一样教育我们，就是心里不舒服。

其实儿女们的初衷都是好的，只是有时候失去了应有的尊重和耐心，在沟通的时候忘记了照顾老人的自尊。

老人渴望得到的不仅仅是赡养费或衣物，他们更渴望得到子女的尊重和耐心对待，渴望你把他们当作拉着衣角不愿离开的小时候的你。

我们之所以会把最差的脾气和最糟糕的一面都给了最熟悉和最亲密的人，是因为我们总觉得，最亲密的人永远不会离开我们，即使我们犯了错，惹他们生气，他们也不会怪罪我们。

事实上，不管是亲情、友情、爱情，都是易碎品，一旦出现过裂缝，便很难恢复原貌。即使最亲密的人，也会因为我们的不尊重和缺乏耐心而受到伤害。

所以，无论如何，请用心呵护他们吧。这不仅是高情商的表现，更是成年人的处世法则。

以此看来，运用好素材是一种能力，如果不精心构思，设定情景，不进行深入挖掘，即使很好的素材，也可能会成为平庸之做。相反，如果我们写作时，注意高质量地运用素材，对素材进行精心加工，那么即使看起来平淡无奇的素材，也会发挥巨大的作用。

第四章 × 如何描写细节

你 能 写 好 记 叙 文

著名作家赵树理说过，细致的作用在于给人以真实感，越细致越容易使人觉得像真的，从而使人看了以后印象更深刻。

　　何永康教授说过，从某种意义上说，一个好的细节描写顶得上千言万语。一两个生活细节描写是记叙文的亮点和得分点。

　　人类获取的信息83%来自视觉，11%来自听觉，两项加起来高达94%，因此我们不难理解，著名作家总是将生活的细节描绘成画面，总是将生活的瞬间描写成雕塑，那些日常的动情点就被定格、放大。朱自清笔下的《背影》，父亲蹒跚的身影，在上下月台时艰难的典型动作，撞开了我们的心扉，留下长久的感动；《最后一课》表达热爱法语、热爱祖国的宏大题材，作者结尾聚焦韩麦尔先生一连串的动作，"他呆在那儿，头靠着墙壁，话也不说，只向我们做了一个手势"，形成永恒的雕塑；《从百草园到三味书屋》中闰土冬天捕鸟的一系列动作细节，扫、露、支、撒、系、牵、看、拉、罩等动词，生动而富有层次地描写了捕鸟的全过程，有趣的捕鸟细节成为经典的慢镜头……让生活的慢镜头看得见，让慢镜头的文字打败时间！

　　唯有慢镜头，才能再现那时那境的画面。更具体地说，慢镜头较好地细化了"具体和形象"的文学语言要求，包括视觉的长短、高低、圆扁、曲直、多寡、黑白等；听觉的轻重、尖平、快慢、强弱、松紧等；触觉的粗滑、冷暖、痛痒、干湿、疼爽……

什么是细节描写

百度百科中给出的解释是这样的：细节描写是指抓住生活中的细微而又具体的典型情节，加以生动细致的描绘，它具体渗透在对人物、景物或场面的描写之中。细节，指人物、景物、事件等表现对象的富有特色的细枝末节。它是小说、记叙文情节的基本构成单位，没有细节就没有艺术。同样，没有细节描写，就没有活生生的、有血有肉有个性的人物形象。成功的细节描写会让读者印象深刻，提高文章的可传读性。

一、细节描写的作用

细节描写是刻画人物性格，揭示人物内心世界，表现人物细微复杂感情，点化人物关系，暗示人物身份、处境等最重要的方法。它是最生动、最有表现力的手法，它往往用极精彩的笔墨将人物的真善美和假丑恶和盘托出，让读者欣赏评价，使文章的描写更加细腻、丰富。细节描写在文章描写中的地位看似闲笔或赘笔，信手拈来、无关紧要、可有可无，但都是作者精心的设置和安排，不能随意取代。一篇文章，恰到好处地运用细节描写，能起到烘托环境气氛、刻画人物性格和揭示主题思想的作用。运用细节描写，要为表现人物性格、发展故事情节以及直接、间接地揭示作品意义或主题思想服务。细节要尽量典型，富有表现力，能起到以一孕万、以小见大的作用。细节要真实，真实是艺术的生命。真实的细节，是现实主义艺术真实的前提条件。典型环境、典型性格，必须建立在细节真实的基础上。离开了真实的细节描写，就会失去感人的艺术力量。此外，细节还要新颖独特、有生命力。

例如，茹志鹃的《百合花》（五年制中学高中课本《语文》第一册，人民教育出版社1981年版），运用细节描写法两处写到了通讯员枪筒里插的树枝，前呼后应，把通讯员天真、纯朴、面临战争不紧张、热爱生活、爱好自然等品性活生生地写出来了。此外，通讯员肩上撕破大洞，新媳妇准备缝，通讯员不肯；通讯员牺牲后，新媳妇一针一针地缝他肩上那个破洞等细节描写，表现了新媳妇对通讯员牺牲的无比悲痛和深厚的军民鱼水之情。

二、有没有细节描写的区别

例1：（原文）

不清楚跟她坐在一起是好是坏，反正我只知道跟她坐在一起，随时会耳膜爆炸，为什么？因为她是班上有名的大喇叭，只要她轻轻地发出一声，就要把人吓死。不明白为啥她那嗓子会那么厉害，真是"一鸣惊人"。

（加入语言细节描写后）

"我以后就是你的同桌啦！"她边说，边习惯性地搔着后脑，脸上挂着笑。我大吃一惊："和你同桌？"她耸耸肩，一脸无辜。有谁不知她是最大胆、最调皮的女孩呢，我有点儿畏惧。

日子很快过去。印象中，每天晚修铃响起时，她就会问我："准备好了吗？"我点点头，双手捂住耳朵。不一会儿，耳边骤然响起："组长收数学作业啊——"其声如雷霆乍响，即使最懒的同学，也会乖乖地交作业。

例2：写"我"很怕吃芥末

（原文）

我拿起一块沾满芥末的寿司一口咬下去，呛得晕头转向，急忙找水喝。

（加入细节描写后）

只不过小小的一点点芥末，却在我嘴巴里面爆发出了巨大的能量。

刚一入口，一股辛辣的味道便直接呛上了我的鼻孔，刺激得我直欲流泪。

我本以为就这样结束了，没想到那一股辛辣并没有就此罢休，而是转而绕道，一下便钻进了喉咙。我的咽喉仿佛被火烧过了一样，火辣辣的，一句话也说不出来了。"水！我需要水！"我嘶哑着声音大叫道。一旁的人都哈哈大笑了起来。

例3：用细节描写淑女与粗汉的吃相

两个片段进行细化：

描写淑女：她端起碗，挑了菜叶，送到嘴里，嚼起来。

范例：她小心翼翼地端起碗，挑了几片菜叶，慢慢地送到嘴边，含羞似的张开樱桃小嘴，又快速合上，极小幅度地嚼着食物，还不停地用餐巾纸擦拭唇角的余油。

描写粗汉：他端起碗，拿起筷子夹了菜，和着饭往嘴里送，又掺和了汤水。

范例：他见菜端齐后，便忙提起筷子，端起大碗，对着菜就是一夹，和着饭呼呼地往嘴里扒。又掺了汤水，撑得两腮鼓鼓的，还有一粒米挂在嘴角上。

例4：猜猜，他是谁？

（1）他在大街上走着。

（2）身穿黑衣服的他慢慢地在大街上走着。

（3）身穿黑衣服、戴着墨镜的他慢慢地在大街上走着，不时地左右观看。

（4）身穿黑衣服、戴着墨镜的他慢慢地在大街上走着，不时地向四周张望，目光始终瞄着行人的口袋和背包。

（5）身穿黑衣服、戴着墨镜的他慢慢地在大街上走着，不时地向四周张望，目光始终瞄着行人的口袋和背包。正当他的手伸进一位妇女的背包准备扒窃时，突然一阵警笛声让他身子一颤，但立刻又恢复了常态。

三、细节描写的作用

1. 细节描写传神地刻画出人物形象，给人以逼真形象之感。

2. 细节描写能推动故事情节的发展。

3. 细节描写可以成功传达出人物的内心世界，让人物形象丰满，进而给人以栩栩如生之感。

4. 细节描写深化了文章的主题。

运用细节描写吸引阅卷老师，感动阅卷老师，容易得到高分。

四、细节描写快问快答

1. 怎样在文章中加入适当的细节描写，应该加在什么位置，才能使文章熠熠生辉

细节描写在文章中不是越多越好，要能抓住典型细节，选择具有代表性、概括性、能反映深刻主题的事。这样才有利于突出文章中心，从而给人留下更为深刻的印象。每个人都有不同的性格特征，所以，每个人说话、做事都会以不同的方式体现出自己的性格。我们要做的，就是认真去观察，然后把它积累下来，作为写作的素材。写人是这样，细节描写用于写景、状物时，则要把握住景物的特征和变化。

2. 文章细节怎样可以写得有详有略

详略是相对而言的，但一篇文章的详写部分是为了更好地突出中心，在行文过程中注意事件的起因、篇幅，事件的经过需要重点去写，经过部分需对涉及的人物、事件进行详写，略写是使文章完整，内容更加紧凑。文章的详略安排影响文章的主题是否突出，也是评定作文跑题与否的重要依据。

3. 我的细节描写总是写不好，怎么办

细节，需要学会观察，关注生活细节；思考，就是从生活细节中得到启发。要想写出成功的细节描写，就要以敏锐的感受力去观察生活，借助典型细节、调动各种感官（视觉、听觉、嗅觉、触觉等）、精心锤炼词语、巧妙运用修辞，肯定会写出成功的细节描写。

人物细节描写

人物细节描写主要包括：外貌（肖像）、神态、语言、动作、心理。

一、外貌（肖像）描写

写好外貌（肖像），可以以形传神。

（一）什么是外貌描写

外貌描写是指描写人物的外形，包括容貌、体态、表情、服饰等。写肖像可以抓住性别、年龄、职业、身份、经历，表现人物的特征。

（二）例文

《故乡》中的杨二嫂：我吃了一吓，赶忙抬起头，却见一个凸颧骨，薄嘴唇，两手搭在髀间，没有系裙，张着两脚，正像一个画图仪器里细脚伶仃的圆规。

由这个外貌特征可以粗知杨二嫂尖酸刻薄的性格。

（三）写作时的注意事项：

1. 抓住人物外貌的特征，不能"千人一面"。

2. 顺序。描写一个人要有顺序地描写。（一般从整体到局部，局部描写时从上到下）

3. 进行外貌描写时要注意反映出人物的性格特点。

4. 描写外貌要注意反映人物的内心感情。

5. 注意人物的身份，不能张冠李戴。

描写外貌要让人物的眼睛反映人物的经历、遭遇、处境和人物的内心变化。

《祝福》十多次写祥林嫂的眼睛，表现了祥林嫂的不幸遭遇和性格的变化。

成功的外貌描写会让人物的眼睛反映出人物的年龄、个性和不同的情绪。孩子的眼睛可以是"明澄得像水晶一样"，而老人的眼睛则应当留下生活刻下的印记，或饱经沧桑，或沉静平和慈祥，或睿智深邃。

（四）经典案例

1. 外貌细节描写经典回顾：

我吃了一吓，赶忙抬起头，却见一个凸颧骨，薄嘴唇，两手搭在髀间，没有系裙，张着两脚，正像一个画图仪器里细脚伶仃的圆规。

——《故乡》杨二嫂外貌描写片段

只见他黑脸短毛，长嘴大耳，圆身肥肚，穿一件青不青、蓝不蓝的梭布衣服，提一柄九齿钉耙。（猪八戒）

——《西游记》猪八戒外貌描写片段

2. 学生作品肖像描写：

乍一看，她个子高高的，目测有一米七，又黑又瘦就像营养不良的难民一样。两根小胳膊细得就像牙签。细看，她留着齐耳短发，两腮边的头发很自然地拢在耳朵后面，显出一张光滑黝黑的脸庞。她的眼睛不大，细细长长的，一笑就变成了弯弯的月牙。鼻子微微上翘，给人一种俏皮的感觉，显得十分可爱。她平时最喜欢穿的是一条纯白色的连衣裙，裙摆又宽又大。她一跑动起来，裙子就像一只白蝴蝶一样飞起来了。

3. 苏小昨外貌描写作品欣赏：

就在我无比悲伤，哭得昏天暗地时，一个身穿白色运动衣的男生跑步经过我身边，看到我哭得一把鼻涕一把泪，他停下来问我："同学，你怎么了？"听到他温柔而清脆的声音，我不禁抬起头，泪眼中看到一张清秀帅气的脸，我发誓，那是我所见过的最好看的脸，他的五官棱角分明，却又不失清秀，眉毛粗黑浓密却不曾松散；他的眼睛细小狭长，微微眯着的时候像弯弯的月亮；他的鼻子像是平原上的一座飞来峰，尖端苍白；他的嘴巴微微张着，嘴角略向下，流露出忧虑的神情。我痴痴地看着这张好看的脸，竟然忘记了哭。

二、神态描写

（一）什么是神态描写

神态描写专指脸部表情，描写时要用表示表情、神态的词语，例如：哭丧着脸、专注的神情等。

（二）经典案例

1. 神态描写经典回顾

两弯似蹙非蹙罥烟眉，一双似喜非喜含情目。态生两靥之愁，娇袭一身之病。泪光点点，娇喘微微。闲静时如姣花照水，行动处似弱柳扶风。心较比干多一窍，病如西子胜三分。

——《红楼梦》林黛玉肖像描写

只见一群媳妇丫鬟围拥着一个人从后房门进来。这个人打扮与众姑娘不同，彩绣辉煌，恍若神妃仙子：头上戴着金丝八宝攒珠髻，绾着朝阳五凤挂珠钗，项上戴着赤金盘螭璎珞圈，裙边系着豆绿宫绦，双衡比目玫瑰佩，身上穿着缕金百蝶穿花大红洋缎窄裉袄，外罩五彩刻丝石青银鼠褂，下着翡翠撒花洋绉裙。一双丹凤三角眼，两弯柳叶吊梢眉，身量苗条，体格风骚，粉面含春威不露，丹唇未启笑先闻。

——《红楼梦》王熙凤外貌（肖像）描写

2. 学生佳作片段欣赏

老王，头发不及一寸长，形形色色的"光头"。圆圆的脑袋，孩子一般的脸。

读书时，经典神态：嘟起小嘴，呈倒"V"字形，微微皱起眉头，深情地如QQ糖一般望着手中的书。

奸笑时：眼睛睁大，嘴角微微扬起，露出一排白牙，吸一吸鼻子，一脸奸诈，让人直起鸡皮疙瘩。

3. 苏小昨神态描写片段欣赏：

她紧紧地皱着眉头，哭丧着脸，眼圈红红的，似乎有晶莹的泪珠在闪烁，她的嘴巴微微张着，喘着粗气，似乎有天大的委屈要诉说。就这样僵持了几分钟后，她实在忍不住，张开大嘴，号啕大哭。

三、语言描写

写好语言，能够让文章传神出彩。

（一）描写语言的注意事项：

1. 符合人物的身份和性格。

2. 抓典型化的语言。

孔乙己："窃书不能算偷……窃书！……读书人的事能算偷么？"（迂腐）

别里科夫："千万别出什么乱子。"（保守）

曹操："宁教我负天下人，不教天下人负我。"（奸诈）

（二）语言描写的特殊技巧

1. 只言片语勾轮廓

有时塑造人物只选其三言两语，就能勾勒出他的性格特征，袒露他的内心世界。如《荷花淀》：女人没有说话，过了一会儿，她才说："你走，我不拦你。家里怎么办？"丈夫一贯积极向上，这次又第一个报了名要上前线，女人的识大体、生小怨的复杂心理活动一句话便写出来了。

2. 用叙述的方法写语言

这种间接手法笔墨经济，省却烦琐对话，用精炼语言突出人物特征。如鲁迅《祝福》："一见面是寒暄，寒暄之后说我'胖了'，说我'胖了'之后即大骂其新党。"朱自清《背影》："他嘱我路上小心，夜里要警醒些，不要受凉。又嘱托茶房好好照应我。"也变对话为直接叙述。

（三）语言描写的注意事项

在语言描写中，切记不可总是"某某说""某某说"地一说到底。

（四）经典案例

1. 语言描写经典回顾

这熙凤携着黛玉的手，上下细细打量了一回，仍送至贾母身边坐下，因笑道："天下真有这样标致的人物，我今儿才算见了！况且这通身的气派，竟不像老祖宗的外孙女儿，竟是个嫡亲的孙女，怨不得老祖宗天天口头心头一时不忘。只可怜我这妹妹这样命苦，怎么姑妈偏就去世了！"说着，便用帕拭泪。贾母笑道："我才好了，你倒来招我。你妹妹远路才来，身子又弱，也才劝住了，快再休提前话。"这熙凤听了，忙转悲为喜道："正是呢！我一见了妹妹，一心都在她身上了，又是喜欢，又是伤心，竟忘记了老祖宗。该打，该打！"又忙携黛玉之手，问："妹妹几岁了？可也上过学？现吃什么药？在这里不要想家，想要什么吃的、什么玩的，只管告诉我，丫头老婆们不好了，也只管告诉我。"一面又问婆子们："林姑娘的行李东西可搬进来了？带了几个人来？你们赶早打扫两间下房，让他们去歇歇。"

——《红楼梦》王熙凤语言描写

2. 学生佳作片段欣赏

农民说："岁月是把镰刀，割得了小麦、玉米和水稻，却收割不了对丰收的渴望。"

工人说："岁月是把锉刀，锉平了无数的边角，却锉不去人生的铁锈。"

医生说："岁月是把手术刀，可以摘除体内的肿瘤，却无论如何也除不去顽固的病毒。"

艺术家说："岁月是把刻刀，要么把你雕刻得八面玲珑，要么把你修理得一窍不通。"

演员说："岁月是把青龙偃月刀，如果你不是关羽，那你只能扛着，当配角周仓。"

导演说："岁月是把剪辑刀，可以把你剪得一无是处，也可以把你剪得万众瞩目。"

厨师说："岁月是把菜刀，砍瓜切菜没的说，削筋切骨有点儿悬，削起果皮不好用，找到好的定位才是好刀。"

美食家说："岁月是把餐刀，一般食品得心应手，绝顶美食马上扔掉。"

我说："岁月是把裁纸刀，裁了卡纸，交了美术作业，就是把好刀，裁了钱币，就成了'扫把刀'，重要的是看你干什么。"

3. 苏小昨语言描写片段欣赏

人都说，老人的觉特别少。

每天晚上，姥姥睡不着的时候，就叫姥爷。

"哎！睡着没？"

"嗯。"

"那陪我唠唠嗑呗！"

"嗯。"

"我们真是老了，觉越来越少了，死活睡不着。"

"那是你好吧，我还年轻呢！"

"少来了，咱们都有第四代了，七八十岁的人，还不服老。"

"嗨！我就不服老。我现在还能爬树、在屋脊上健步如飞，他们年轻人行吗？说不定还不如我呢！"

"别给我说你爬高的事，一提就来气。你都老胳膊老腿了，逞什么能啊！我就和你说了说，隔壁老李六十多岁了还爬屋脊，第二天你就给我爬上屋脊，来回转了十几圈，你说你较什么劲呢？"

"那老李有啥厉害的，不就爬个屋脊吗？咱比他大五六岁，照样能在屋脊上健步如飞。说明咱老当益壮，不比他老李差。"

"你就知道逞能！你知道我在下面多害怕吗？吓得我心都要蹦出来了，差点儿心脏病犯了。"

"瞧你那鸡胆，不就爬个屋脊，还吓得心脏病犯了，就这么点儿出息？"

"死老头，我警告你，别给脸不要脸，下次再让我看到你爬高的，别怪我对你不客气！"

"知道了，干吗发那么大火啊？气坏身体咋办？"

四、动作细节描写

写好动作，展示个性。

动作是反映人物性格的三棱镜。

（一）动作描写的注意事项

1. 个人的所作所为，是他思想性格的具体表现。行动描写生动，能准确地传神，达到形神兼备的佳境。动作描写要显示人物性格。

2. 要符合生活真实。切忌空洞、抽象、笼统。要抓住特征，写出个性，忌面面俱到。要选择准确的动词，写出动作的连贯性，多用短句。

（二）动作描写的技巧

1. 运用特写镜头

周立波的《暴风骤雨》写老孙头对被选中的马摔了又恨又爱的复杂

心情，就是通过影视剧中类似特色镜头的方法完成的。"老孙头起来，跑到柴垛子边，担根棒子，撵上儿马，一手牵着它的嚼子，一手狠狠地抡起木棒子，棒子落到半空，却就扔在地上，他舍不得打。"

2. 具体描写人物的连贯动作

《水浒传》中有一个脍炙人口的故事——"武松打虎"："武松见那大虫复翻身回来，双手抡起哨棒，尽平生气力，只一棒，从半空劈将下来。只听得一声响，簌簌地，将那树连枝带叶劈脸打将下来。定睛看时，一棒劈不着大虫；原来打急了，正打在枯树上，把那条哨棒折为两截，只拿一半在手里。……"这里写虎亦即写人，虎越厉害，越显武松勇猛。打折哨棒直叫人惊出汗来，直到武松赤手空拳打死老虎，才叫人松下一口气来，表现了武松的勇猛无比。

（三）经典案例

1. 动作描写经典回顾

老头儿身子一纵，扑上梳妆匣，好似一头老虎扑上一个睡着的婴儿。

"什么东西？"他拿着宝匣往窗前走去。"噢，是真金！金子！"他连声叫嚷，"这么多的金子！……"

"老家伙想掏出刀子撬一块金板下来，先把匣子往椅子上一放。欧也妮扑过去想抢回，可是箍桶匠的眼睛老盯着女儿跟梳妆匣，他手臂一摆，使劲一推，欧也妮便倒在母亲床上。"

——《欧也妮·葛朗台》葛朗台动作描写

（他）蹒跚地走到铁道边，慢慢探身下去，尚不大难。可是他穿过铁道，要爬上那边月台，就不容易了。他两手攀着上面，两脚再向上

缩；他肥胖的身子向左微倾，显出努力的样子，这时我看见他的背影，我的眼泪很快地流下来了。——《背影》"父亲"动作描写

2. 学生佳作片段欣赏

每天，早到鸡没叫，晚到猫已睡，总会有一个佝偻而威武的身影，跨在摩托上，双脚点地往前一点点挪，上一个30度小石坡，再待轮子在石阶边磕两下，便消失在家门口。一会儿，窗外面寒冷的街，飘来几声孤独的鸣笛。

坐在餐桌上等的位置，他会孤独，看着眼帘前无数只手，筷子在腾腾雾气里穿梭、扭动，他只会往别人碗中夹菜。

3. 苏小昨动作描写片段

第二天晚上一下班，我就奔向菜市场，买了几斤虾回去，趁着王五一还没回家，开始手忙脚乱地做红烧大虾。

虾是活的，它们不停地在锅里蹦来蹦去，有的蹦到锅灶上，由于之前没有做过虾，我竟然不知道虾一定要剔除虾线剪掉胡须，这样吃起来的时候才不会扎到手。

其实我压根不知道做红烧大虾的正确顺序，只是很单纯地想，红烧大虾和红烧豆腐应该差不多的程序，直接复制好了。

所有红烧的菜最好用煤气炉而不是电磁炉，大火炒过的菜，更有滋味。

我是一个表面文静、内心狂野的女汉子，虽然很喜欢做菜，但从来不注重细节，也不按常理出牌，随心所欲地做自己想做的菜，经常顺序错乱、偷工减料，譬如，我不喜欢的葱姜蒜，经常自动忽略，而我喜欢的麻椒逢菜必放！

久而久之，我摸索出一套适合自己的做菜顺序，热锅浇油，下麻椒

爆锅，加干辣椒炒至飘香，放入虾炒红，倒入少许啤酒和热水烧开，放入切好的青椒和洋葱，锅铲上下翻腾几下，再放入少量的盐、生抽，尝尝滋味儿，大火收汁，静等出锅。

盛菜的过程，我开始不停地幻想，王五一看到这道红烧大虾时，会是怎样的激动和惊喜。

果然不出我所料，王五一推门，闻到空气中弥漫着浓郁的虾香，开心得就像个孩子，迫不及待用手拿了一只大虾塞嘴里，边吃边说："天啊！我是在做梦吗？简直太幸福了！"

五、心理细节描写

写好心理，倾诉心声。

（一）什么是心理描写

人生活在矛盾重重的社会中，人、物与己，悲喜各异：有喜、怒、忧、思、悲、恐、惊"七情"，有眼、耳、鼻、舌、身、意"六欲"。这种种心理反应，支配着人物的语言和行动，显示出人物的性格精神。于是，开发人类的精神大陆，探索人物的心灵奥秘，成为写作的基本要求。

写人写面须写心。心理描写一要真实合理，符合人物个性，深入体察人物内心；二要符合文章表达的需要。

（二）写心理的小技巧
1. 人物独白展示心理

小仲马在《茶花女》中写任人蹂躏的妓女玛格丽特对资本主义黑暗现实的强烈控诉时，有一段如泣如诉、催人泪下的内心独白，很好地展示了她任人摆布的卑贱地位和痛苦悲愤的心情："我们一点儿一点儿出卖我们的心灵、肉体和姿色。我们像野兽似的让人提防，像贱民般地被蔑视。包围着我们的人都是一些贪得无厌的好占便宜的人，总有一天我们会在毁灭了别人又毁灭了自己以后，像狗似的死去。"

2. 借梦境幻觉反映心理

写人物的幻觉，是揭示人物内心活动和精神世界的重要手段。我们看一看安徒生对卖火柴的小女孩幻觉的描写："她又擦亮了一根。火柴燃起来了，发出光来了……桌上铺着雪白的台布，上面铺着精致的盘碗，还有填满了梅子和苹果的、冒着香气的烤鹅。"没有幸福和温暖的卖火柴的小女孩，在火光中闪烁着自己对温饱、幸福的向往和渴望。一个人做了坏事，黑夜中总是疑神疑鬼，更怕半夜鬼敲门。有的人心有所仪，看见花影，也会产生"隔墙花影动，疑是玉人来"的幻觉。紧扣人物的处境和心理，才易于揭示人物心灵深处的活动和状态。

（三）经典案例
1. 心理描写经典回顾

推开房间，看看照出人影的地板，又站住犹豫："脱不脱鞋？"一转念，愤愤想道："出了五块钱呢！"再也不怕脏，大摇大摆走了进去，往弹簧太师椅上一坐："管它，坐瘪了不关我事，出了五元钱呢。"

——高晓声《陈奂生上城》

以上的心理描写就属于直接描写式，它非常恰当地将陈奂生患得患失、狭隘自私的小农经济的心理描写了出来。

自己心里懊恼道："果然天上'文曲星'是打不得的，而今菩萨计较起来了。"想一想，更疼得狠了，连忙问郎中讨了个膏药贴着。

——《范进中举》

语未了，只听后院中有人笑声，说："我来迟了，不曾迎接远客！"黛玉纳罕道："这些人个个皆敛声屏气，恭肃严整如此，这来者系谁，这样放诞无礼？"

——《红楼梦》林黛玉心理描写

2. 学生佳作片段欣赏

开学的时候到了，我刚出门便与丝丝缕缕的阳光碰了个满怀，我怀着灿烂的心情来到了学校。

第二天，王老师讲完课了，眼底却突然闪过一丝狡黠的目光，嘴角扬了扬。我看到这些微动作，就感觉会有事情发生（我的第六感一向很准）——果不其然，老师威严地对我们说："下面我们来背诵《弟子规》第一章，孝。"

这下同学们可乱了阵脚，原本那些嬉笑的脸庞也僵住了，都不敢直视老师的眼睛。老师却像没看见一样，说道："现在开始抽查。"许多被点到、站起来的同学都像嘴里含了枣，支支吾吾背不出来。

3. 苏小昨心理描写片段欣赏

如今又是离别在即，自从我买好票以后，妈妈的心里总是莫名悲伤。她担心先生工作太忙，顾不上我们娘俩，还担心我一个人带着孩子在陌生的城市会感到孤单、迷茫和无助。

妈妈一脸忧伤地看着我，不停地念叨："你们这一走，下一次回来不知道是什么时候。"

我很想豪气十足地安慰她："现在交通那么发达，坐飞机也就几个小时的事，哪有那么难？"

但是我始终没有说出口，因为我心里知道，其实，真的很难。

说到底我们都是普通人，繁忙的工作、需要照顾的老公和孩子，有时间的时候，缺钱，有钱的时候，又没时间，我们总是有各种牵绊在身，始终无法自由自主。

父母在，不远游，游必有方。已为人母的我如今才懂这句古训。

年少无知时，总想挣脱家的束缚，总是向往外面世界的精彩，却往往忽略了外面世界的无奈。

从未想过，我们离开后父母会是怎样的留恋和不舍。也从未想过，如果父母生病了，我们却都不能陪在身边，那谁来照顾他们呢？

等到我们在遥远的陌生城市扎了根，找到了那个共度一生的人，才为难起来，世间安得双全法，不负双亲不负君。

了解了细节描写的具体分类，下面再来谈谈细节描写的注意事项。

1. 细节描写要选用典型细节

细节描写在文章中不是越多越好，细节描写要能抓住典型细节，应选择具有代表性、概括性、能反映深刻主题的事。这样才更具有广泛性，有利于突出文章中心，从而给人留下更为深刻的印象。比如，鲁迅在《祝福》里几次写到鲁四老爷"皱一皱眉"，这种面部表情的细微变化，便深刻地暴露出封建绅士厌恶寡妇、维护旧礼教的反动立场和丑恶灵魂。

2. 细节描写要细致观察事物

要使得描写生动形象，在观察事物的过程中，我们要调动自己的各种感官，对事物做非常细致的观察。每个人都有不同的性格特征，所以每个人说话、做事都会以不同的方式体现出自己的性格。我们要做的，就是认真地去观察，然后把它积累下来，作为写作的素材。写人是这样，细节描写用于写景、状物时，则要把握住景物的特征和变化。

3. 细节描写服从表现中心的需要，力求使细节具有深刻意义

细节描写是一种以小见大的方法。细节的分量虽轻，容量却大，在我们选择细节的时候要从细微处着手、从大处着眼，小中见大，让小的细节反映人的思想状况、社会风貌。鲁迅在他的小说《孔乙己》中写孔乙己第一次出场，在买酒时他"排出九文大钱"，这一细节表现出孔乙己作为底层文人讲面子、好显摆、穷酸迂腐的个性，揭示了封建制度对人的迫害。

4. 细节描写要真实，要符合生活实际

所谓真实，是指细节描写能够精确而又惟妙惟肖地反映现实生活中的人和事的特征。所谓典型，是指描写的细节具有广泛的代表性，能够通过个别的、细小的事物，反映一般与全貌，由现象揭示本质。比如，赵树理《套不住的手》中有这样一段描写："圆圆的指头肚儿像用树木做成的小耙子""都像半个蚕茧上安了指甲"。这一段细节描写既真实又典型，突出主人公的特征，也表现劳动人民那种健壮、勤劳的共性特征。又比如，朱自清在《背影》中对父亲爬月台时吃力的样子和动作的描写，突出了父亲对我无私的爱，让每个读者都感动不已。他的成功之处，在于对父亲动作的细致观察和准确表达。

5. 细节描写精心锤炼词语

在细节描写中，我们要选择恰当的词语，以期达到精炼之目的，甚至于一字传神。

6. 细节描写巧妙运用修辞

运用比喻、拟人、夸张等修辞格，可以增强语言的生动性，变抽象为具体，使无形变为有形。

总之，细节虽小，但不可小视其作用。好的细节描写能够使人物性格鲜明，活灵活现，增强内容的真实性、生动性和感染力。细节描写是场面中的一个个点，没有它也就构不成场面；它还是情节中的一粒粒珠子，失去它情节就不会连贯起来。

　　有些同学认为细节描写就是越详细越好，这种看法是不准确的。要抓住最传神的点去描写，而其他地方可以一带而过，细节描写不等于啰唆。

第五章 × **作文常见失分问题大全**

你 能 写 好 记 叙 文

审题是写好作文的第一步，如果审题不准，轻则偏题，重则跑题。偏题的作文，即使立意高远，语言流畅生动，也是徒劳。

中考作文阅卷细则（摘录）：

审题：

1. 严重离题（另说一事），14分以下；

2．偏离题意，立意不明，如前后有牵强"点题"的文字，15～29分；

3. 符合题意，材料能表现中心，结构基本完整有条理，30～39分；

4. 切合题意，立意明确，中心突出，材料具体，结构完整，语言规范，40～44分；

5. 立意明确，中心突出，材料具体生动有真情实感，结构严谨，详略得当，语言得体流畅，45～50分。

因此，要写好作文，审题是关键。对于常考的半命题作文、命题作文、话题作文、材料作文，要审清命题者的命题用意和写作方向，再进行写作构思，下笔才能拿分。

临场审题，作文题目形式不同，审题方法也各异。总的来说，"审题不准，偏离题意"的应对策略可以归纳为八个字：明确题眼，理清题限。

　　"题眼"就是命题中关系到题旨的关键词语，往往暗示了重点要写什么。审题时特别要注意作文的题眼，弄清作文的范围、角度和重点，再确立主题，进行构思选材。如中考作文题目"把掌声送给你"，题眼是"掌声""你"，若不注意就会写成把掌声送给"他"，偏离题意。所以，这个作文题目的第二人称"你"就是作文题目中的题限。再如中考作文题"总有离开的时候"，"总有""离开"就是题目中特别要用心去体会的"题眼"，"总有"道出了"离开"是生命中的一种常态，无可避免。而"离开"则是题目的题限，规定了写作的范围。若没有审出此处题眼，写作就会偏离命题者的要求，出现偏离题意的问题。

例文　在反思中成长

　　《狼图腾》第二部开篇第一句是："当一匹狼开始回忆往事的时候，说明它已经老了。"可我认为，当一个人沉思往事、反思自己的时候，他正在慢慢地走向成熟。

——题记

　　回首成长历程，成长最快、变化最大的便是三年的初中生活。心态、境界或许都有了进步，但也犯了一些起码是令我不安的错。

　　有一件事是早在两年前就该向班主任承认错误的。

　　七年级下学期的一次跑操，我迟到了。来到跑操队伍里跑了一圈，到教室门口时看到了班主任，一股不好的预感盘旋心底。那天刚好该我值日，我组织班内同学背书时，班主任叫停了，让没跑操的及迟到的同学站起来。我没动，当时我正站着。老师让他们出去跑五圈后再回班。我本打算出去，可拉不下面子。作为值日班长迟到，很丢人，而且我多少也跑了一圈，虽然这些都不足以成为借口，但当时却让我犹豫了一瞬间，一瞬间，我便没了选择的权利，也没了独自一个人走出去的勇气。可是马上我又后悔了，我真的很想向老师坦白，我宁愿在外面筋疲力尽地跑十圈，写我初中的第一份保证，也不愿在教室接受自己良心的谴责和责任心的鄙视。我希望老师知道迟到的人里有我，而且我是其中最可憎的一个，因为我连承认错误的勇气都没有。

另一件是在八年级时，虽不是我故意为之，但每次想起来，总觉得内心始终难以释怀。一次公开课展示，英语老师让我提前把单词分给各组，分到13组时，他们组没人（后来我意识到时，错误已经铸成了）。公开课之前，我又一次去提醒各个组长展示，到13组时，组长王名慧一脸茫然。她竟然不知道有这么回事。我当时也是一惊，心急地来了一句"我记得我已经告诉了你们组的人"。王名慧回头问李汉涛："是不是告诉你了？"李汉涛只是笑，似是一副诡计得逞的模样。我当时一怒，愣是觉得这厮是故意的，便顺着王名慧的话劈头盖脸地批了他一顿。最后就成了我把分单词的事告诉了李汉涛，而李汉涛故意没告诉组长。

回到位上，静下来之后，我又回想了一下刚才的事。当时我到13组时，他们整个组确实都没有人。我确实是想找个邻近的人把这事告诉13组，但这究竟只是想法，还是付诸行动了，已无从查证，但我却让李汉涛无辜受怨。直到今天上午跑操时注意到李汉涛，我才忽地想起这桩旧事，或许，我欠他一个道歉。

成长就是从失败中汲取教训，并为自己的错误承担责任的过程。纵使错误不可避免，可当分辨是非后，我希望我能以破釜沉舟的勇气承担、弥补。虽然有些时候，有些东西可以弥补，但有些东西是无论如何也弥补不了的。

评点 此次习作为半命题作文"在……中成长"，审题难度较小。本文所拟的标题为"在反思中成长"，全文紧扣关键词"反思"与"成长"来展开叙写。通过学习生活中的两件事情来反思自己在成长过程中的选择与判断的得与失，从而促进自己的成长与成熟。结尾点明主题。这是一篇符合命题者的命题用意、主旨突出的文章。

例文 猫伴我成长

去年的寒假，我家多了一只猫，什么品种我不清楚，只知道是一只母猫。

刚来时它还感觉很陌生，后来就玩熟了，它最大的爱好就是抓沙发，因此，不得不把"家"搬到父母工作的工厂里。

它最先搬到工厂时，父母是不同意的，因为工厂是生产电线的，万一猫闲着没事儿去抓电线怎么办，不过等猫安全抵达工厂后，爸妈就没什么意见了，因为它和电线"井水不犯河水"，倒是对一个纸箱子"情有独钟"。而且，自从它来以后，我就没玩过电脑，爸妈对此很欣慰。

在它搬到工厂的第二天，我就在那儿观察它，它对我不理不睬，一直舔自己的手、脚。终于，它抬起头，两只眼睛瞪着我，我也瞪着它，最后它睡着了。

等它醒来后，我拿着小鱼干，举得很高，正当我猜测它会用什么办法吃到小鱼干时，只见它一跃而起，为了防止重心不稳摔下来，它把两只前爪靠在我的手臂上。此外，它担心两只前爪脱落，还伸出了爪子……

第二年，它"私奔"了！是的，它私奔了！弄得我这个做"爸爸"的很生气。在它"私奔"两个星期后，它回来了，还带回了一肚子的小猫，想不到我在做"爸爸"的一年后又做了"爷爷"。（可惜，直到现在，我连女婿是谁都不知道。）后来，小猫出生了，出生在一个纸箱子里……不过，由于那箱子处于货架的第三层，所以除非把箱子取下来，否则，我这个做"爷爷"的就不能尽快地看到"孙子"了。不久，足足有四只小猫被依次叼了下来。那一段时间，我的心很痛，因为猫的"伙食费"全都是由我出的。几个星期后，小猫开始表现出猫的特征——玩！拼命地玩，活蹦乱跳，以及抓纸箱！结果，这些猫"失踪"了，不见了，父母一直告诉我是有人把它们拐走了。但我不信，我觉得是他们把猫送人了，之后生出的几胎小猫也是如此。

可是不管是被送走的小猫，还是失踪的小猫，都应该生儿育女（母猫才有这责任）壮大"家族"，加油！

评点 本次作文为半命题"……伴我成长"，该同学的命题为"猫伴我成长"。从题目看，该作文考题的写作关键词应该是"成长"，补充部分为限制修饰内容。该同学的作文"猫伴我成长"，重点写了猫的到来、猫的活动，却忽略了"成长"主题。审题不准，属于偏题作文。

二、立意肤浅，欠缺深远

俗话说"千古文章意为高"，可见立意之于一篇文章的重要性。"立意"就好比一篇文章的脊梁骨，立意不好，文章就缺乏精气神。

写作中常见的立意失误典型为：

1. 思想贫乏，个性缺失。不少考生因为认识、知识、生活体验的贫乏，分析问题、阐述道理的能力不足，更多地依从于人云亦云，写出千人一面的文章来，缺乏创新。

2. 思路狭窄、思想幼稚。不少考生在考场中打不开思路，思考方向单一局限，主题过于浅薄，难以提高得分层次。

3. 矫情甜腻，不合情理。生活体验匮乏的无奈，让不少学生选择了虚假矫情，不合常理地虚假叙事煽情，让读者读后一身鸡皮疙瘩。

要解决以上问题，关键是要做到见解透彻深刻、立意深远：对问题的认识应有自己的理解和观点，而且应该比一般的认识更高一个层次；能够透过社会生活现象挖掘、思考背后隐含的比较深刻的具有社会意义和价值的思想观点来；并注意写作技法，使自己的思想观点的表达让人印象深刻。

例文　我的小小心愿

　　我有一个小小的心愿——我愿与世间万物交流，我愿与万物耳语。

　　交流有不同的方式，而每个人选择的方式不同。可每一种交流方式，却又是那样独特，那样地吸引我。

　　在阳光下，搬一条长长的板凳，坐在上面，静静地观察在日光沐浴下的树木花草。看着它们茁壮成长，在它们的身躯中，能感受到生命的蓬勃向上。这是一种交流，一种与心灵的交流，一种与大自然的交流。

　　我盼望着，能像这样安静地、默默地与大自然耳语。

　　月明中，坐在桌前，捧一本好书，如饥似渴地品味着这些文字的魅力，能深切感受到作者在写作时尽情释放的情感与完成一部作品时所倾注的心血。这是一种交流，一种与文字、书籍的交流。

　　我盼望着，能如同这样一般，与似无生命，却胜似生命的文字耳语。

　　灯下，翻开一本本子，任笔尖在纸上游走，情感在纸上浸染，记叙一整天的喜怒哀乐。这是一种交流，与自己的交流。

　　星空下，翻开泛黄的日记或相册，颇有感触地回忆着从前生活的无忧无虑，抑或是苦难挫折，感受着自我的真实与价值。偶尔叹息，偶尔感叹，但最终却只会出现淡淡的笑容与对未来的无限憧憬。这也是一种交流，一种与过去的交流。

　　我盼望着，能如此真实地面对自我，与自己耳语。

　　诗人是通过纸张与人交流的。在"怀旧空吟闻笛赋，到乡翻似烂柯人"中，我感受到了刘禹锡被贬偏远之地，政治失意的愤懑与无奈；在"停杯投箸不能食，拔剑四顾心茫然"中，我感受到了李白内心的苦闷抑郁、感情的激荡变化……

　　而钢琴家是通过旋律与人交流的。在交流中，我欣赏到了在无声中贝多芬的优雅，在月光下李斯特的忧伤。优美的旋律中，我感受到了音乐家想要表达的种种情感，那或激荡或悲伤的曲调就像是一条细线一般轻轻牵着我的心，让我不能自已。

我盼望着，能一直像这样，与钢琴家、诗人交流，陶冶我的情操，充实我的思想。

交流，这真正是一门艺术啊！

所有人都需要交流。交流，是生命中重要的组成部分，无论是与人，还是与物，我们都需要学会交流。

所以，我只有一个小小的心愿——我愿，与万物耳语。

评点 本次作文训练题目为命题作文：我的小小心愿。对于许多考生来说，选择的立意大多是渴望考出好成绩、获得友谊、获得父母他人的关爱，而该考生的立意新颖，"愿与万物耳语，万物交流"，这是一种大的眼界与情怀。一个对生命有思考有体验的人，才能有如此"小小的愿望"——与天地交流、与天地精神往来。如此立意深刻、新颖的文章，是特别能吸引读者的注意力、获得高分的。

例文 自 由

我想摆脱一切，我想得到自由，请给我自由吧！

虽然这是个和平的年代，但也有一个不好的地方，因为现在中国的经济水平在快速地提高，导致现在的活动时间也就是自由的时间越来越少。像我这种差生，基础薄弱，就更没有自由时间，主要原因是我以前不努力。虽然我知道，这些让我没有自由感的人都是为我好，但是我也想有自己的空间。比如看一下自己喜欢的恐怖小说，例如《变脸师爷》

之类有悬念的小说。但因为我跟同学的差距太大，所以我现在要把自己的私人空间割下来，现在我才知道先苦后甜和先甜后苦的差别了。一个是只用花18年的时间就可以换后半生的生活，而另一个就是玩了18年就很难再换回幸福。因为现在是读书的黄金期，同时也是正值青春年少的我们的"黄金期"。少壮不努力，老大徒伤悲。

我觉得这个时段想得到我那所谓的自由，真的是难上加难，可以用"癞蛤蟆想吃天鹅肉"来形容。不过，我坚信上帝给我关上门时，也一定会给我开了一扇窗。

这是我一定会相信的，这样说还远远不够，必定是我坚信不移的，只要我不在乎别人看不起我、打击我，我也会坚持下去。因为我会用行动来证明，也会用我自己的努力来换我的自由。我从来不认为自己是废物，我也不认为世界上有废物，只有甘当废物的人。

评点 这篇文章的优点在于语言朴实，简洁明了。学生的语言能力和认知水平有限，但是表达清晰。这篇文章若能在主题方面深入挖掘，立意角度再高一些，表述再充分一些，是一篇不错的文章。

三、主题含糊，中心不明

　　写作中文章出现主题含糊、中心不明的主要原因是写作者下笔前过于草率：没有明确主题进行素材筛选，没有打好腹稿理清思路，写一步看一步，这样自然容易造成主题含糊、中心不明的写作问题。

　　中心越明确集中，写作精力和主攻方向就越集中，作文就越容易写好。没有明确的靶子，就难以射中靶心，难以引领读者走入作者创设的写作情感，感受作者所要表达的思想感情。言简意赅地说，就是难以让读者读明白作者想要表达的中心，更不用说引起读者的共鸣了。那么，如何避免主题含糊、中心不明这样的写作错误呢？

　　首先，下笔前应该明确写作方向、写作的主题；其次，围绕主题选材，选择最能表现主题的素材来写；再者，安排好文章的详略，能突出主题的详写，不能够突出主题的略写；最后，在写作中要不时地点题，回扣主题。这样就可以避免写作"主题含糊、中心不明"的问题了。

例文　渺小的我

　　家由从前的小平房变成今天的二层小楼。我住在上面，站得高了，看得更远了。门前就剩下一棵核桃树和一棵杨树。杨树我坐在客厅里透过窗户就能看见它，看它发芽，长出绿叶，直到今天叶子变黄了，比上个星期我回家时看到的颜色黄了一倍，叶子也少了很多。那棵核桃树我在屋里看不见它，我不知道它到底长不长核桃，也没见过它长核桃的样子。

我见证了别人家的房子从黄色砖瓦慢慢盖起来，到现在成了完整的房屋并住了人。我见证了楼下人家带回来的那只小狗，从很小很可爱到现在长得又肥又壮。现在还总是乱叫，因为害怕它咬我，总是避开它走。我见过姑姑孩子出生时的样子，红着脸，闭着眼睛，只有六斤多，我感觉很丑很丑。到现在，那个孩子也长大了，她已经会跑了，也会说话了。有肥肥的脸蛋、无比小的眼睛、圆嘟嘟的小嘴，还顶着一头小卷毛，特别可爱。

我还很开心，见过很多东西从没有到有，见过很多动物和人从出生到长大的样子。但是，房子也终有一天会被拆掉，拆掉之后还会有更好更华丽的再盖起来。杨树会发芽，会长叶，会落叶；核桃树可能几年之后就会长出核桃了，我们都盼着这一天。我们总在感慨生命的伟大，不管动物、植物还是人。这些都是独一无二的，但逝去了，就不会再有。

那只狗它在想什么？它见到我会不会想到它小时候我对它很好？现在它长大了，有了一种很强的自我保护能力，靠着一声声汪叫和一副伶牙俐齿，它是不是也是因为害怕人类才这样做？它要保护自己，但是它却不知道，等它长得再大一点儿、再肥一点儿，它的主人就会把它杀了吃掉。我没有办法阻止这样的事发生，毕竟它有自己的命，我也不能挽回什么，就在这个周末，那只狗死了。

以后的夜晚，也听不见狗叫的声音了。

我虽见过那么多的东西、人和事物，但我还是渺小而微不足道的一个人。我也在感慨生命的伟大，却发现，生命也很脆弱。人还可以以另一种方式生存，有的可以让自己的精神被后人所传承、敬仰。我渴望世界和平，却没有摆脱命运，我们都在适应这个世界。

例文 那抹微笑最美

微笑是茫茫沙漠中的一片绿洲，使绝望的人看到一线生机；微笑是冬日里的一缕暖阳，射进你的心房，让你温暖而又舒心；微笑是黑暗里的一盏明灯，为找不到方向的人照亮前方的路标。

记忆是条长河，里面翻腾着的细小浪花则是我们无尽的回忆。如今，看到这个题目，我的记忆中又浮起了一朵小浪花。

那天下午，天阴沉得很，我的心情也如同这阴雨的天气，因为我考试失利了，最拿手的语文也才考了72分，老师训了我一顿，还说要让我补考。我心情差到了极点。回到家，妈妈正在厨房里做饭，听到我回来的声音，便让我喝了桌上那杯水。听妈妈的声音，也分辨不出妈妈是否已经知道了我的成绩。我喝了一口水，妈妈便笑着对我说："吃饭了，宝贝儿。"妈妈嘴角的那抹微笑，就像冬日里的一缕暖阳照进了我的心房，让我的心温暖起来。

饭桌上，妈妈不停地为我夹菜，要我多吃一些。我拿出那张令我羞耻的试卷放在桌上让妈妈签字，妈妈只是笑笑。见我吃完了，妈妈语重心长地对我说："这次失败并不可怕，重要的是你要记住这次失败，认真分析每道错题，争取以后都不再做错这样的题。女儿，妈妈相信你，你一定可以的。"听到妈妈的鼓励，看着她嘴角的那抹微笑，我的心情也不禁开朗了，刚才的压抑感一下子烟消云散。

到睡觉时间了，妈妈去帮我铺床。被子大而厚，妈妈铺了许久都没有铺好，我便帮妈妈铺，我用手抓住被子的两边，让妈妈把被子像波浪似的抖过来，最后再把皱的地方铺平，就好了。妈妈看到我纯熟的样子，不由得一笑："宝贝儿，不错嘛。"看到妈妈嘴角的那抹微笑，让我忽然懂得了她的爱，只是因为孩子的一小点儿进步，她就能很开心。那抹微笑也让我下定了决心，要好好表现，让妈妈的微笑尽情绽放。

虽然那次考试已过去了很久，但那抹微笑是妈妈对我的爱，是用大地作纸，以海水为墨都写不尽的母爱。

正是那抹微笑让我懂得了相信自己，正是那抹微笑给了我前进的动力。那是最美的一抹微笑，你不这样认为吗？

评点 这篇题为"那抹微笑最美"的文章，紧扣妈妈在我遇到挫折时给予我的"那抹微笑"，感动着"我"，激励着"我"，温暖着"我"。开头结尾相互呼应，中间叙事紧扣着母亲的"那抹微笑"展开，通过直接点题、细节描写点题等方式使文中心突出、主题明朗。

四、手法单一，表达乏力

表达的方式有记叙、描写、议论、抒情、说明五种。在语文教学中，老师容易忽略对表达方式的讲解强调，而学生也很容易忽略，所以，写作中往往容易造成手法单一、表达乏力的问题。有些文章是一叙到底，有的则是一议到底，呆板沉闷、单调乏味，都缺乏表现力和感染力。

优秀的文章应该是综合运用了多种表达方式，既不是一叙到底，也不是一议到底。这是因为综合运用各种表达方式，能使得文章有人有事、有景有物、有情有理，达到形象感人、生动有趣的效果。一般来说，一篇写人记事的文章，在记叙中适当地融入描写，让人、事、物的形象更加具体，融入议论抒情，让人物的情感、思想更加触动读者，引起共鸣。如《紫藤萝瀑布》一文中就融入了记叙、描写、议论、抒情等多种表达方式，让读者如身临其境，引起读者强烈的情感共鸣和对生命长河的思考。所以，写作中应该适当综合运用五种表达方式，使得文章的表达更加生动，富有表现力和感染力。

例文　别样的风景

我喜欢宽阔明亮的马路。

我家后面有一条宽阔的马路，道路两旁全是笔直的大树，树与树之间间隔一米，没有较大的差距。因为树长得高又茂盛，所以，那条路上不会有太阳照射的耀眼的光，一天下来，全是树荫。所以，夏天时，村子里的老人经常在路边乘凉，小孩在路边玩耍。

放暑假的时候，我经常在傍晚去那儿。看着日落，听着音乐，嘴里哼着歌，在那条路上散步。我的姐姐也经常去那儿锻炼，跑步。

暑假最后一天，我和姐姐在回家的路上经过那儿。"快要下雨了，我们还是快跑吧！"我抓住她的手，做出准备跑的姿势。但她把我的手撒开了，说："跑什么跑？这风多舒服。"我看了她一眼，放开她的手。风狂躁地吹着，树尽情地摇摆着，我们的眼泪止不住悄悄地流淌着。

第二天，她要去外地上学了。我没敢去送她，在门口偷偷往外看。看她走下楼梯，走到大门口，步伐减慢然后停住，没有回头看，上了车。

我从没觉得我跟她的感情有多好，或是每个姐姐对亲妹妹都会做一些不可理喻的事。她跟我说我们之间没有什么共同话题，因为我们之间整整相差七岁。我不甘心，但也是事实。我虽在努力证明自己，但不得不说她是很了不起的。她可以帮我解决问题，可以和我一起聊心事，她做了很多我想要在未来完成的事情。她也会沾沾自喜，但更多的是教给我有用的经验，告诉我未来社会道路虽险恶，但总要走出去看看，所以她去了外地上大学。

她走的这天傍晚，我去了那条宽阔的大马路。吹着风，听着音乐……在别样的风景里，想着别样的人。

评点 这篇文章题为"别样的风景"，关键词在"别样"和"风景"上，应该更多使用描述性语言而非叙述性语言来描绘"别样的风景"，应写出画面感和人物的独特感受。但是全文手法单一，表述乏力，所以，全文内容和情感显得有些单薄。

例文　我相信

我应该相信的东西太多了，在我这个年龄。小的时候，我会毫无顾忌地相信妈妈说的话，什么是好的什么是非常不好的，并且这个观念能根深蒂固地留在我心中很长时间。长大后才发现，有些东西的确是错了，错得彻彻底底，却也很难改过来了。

我相信友情、亲情、爱情，我相信人间自有真情在，即使有新闻说一个老人摔倒在马路上近二十分钟都没人扶起。然而我的这种想法，渐渐被一次又一次的现实给打破了。我开始不完全相信友情、亲情、爱情了，或是对好多人都不会完全相信。我只能相信我自己，相信自己努力就会取得成功，相信现在所处的一切不利的环境，会变成我继续向前走的动力，即使现在无人相信我。

我们每个人都活在别人的嘴里，人和人之间都说着互相相信对方，不管是真的相信还是仅仅说着阿谀奉承的话，谁都不知道。谁都不了解其他人，不管真心与否，我们也是在扮演着各种各样的角色。

我相信《桃花源记》里的世外桃源真的存在，因为一定会有人讨厌世界的纷纷扰扰，隐藏于一个无人知晓的地方，过着幸福而安定的生活。但我也相信，这个地方一定会有一天消失不见，这里面的人也会随之远去或离开，就像是真的一样，一个世界留不住两种不同的社会，就像一个国家根本不可能会有两个管理者。

我也盼望着自己有一天能住在"世外桃源"内，过着自己和喜欢的一切事物与人在一起的生活，每天都有真真切切的笑容，毫不防备别人的任何心思，安逸地过着每一天。

真真假假，都在于人内心的真正想法。执念于什么，就相信什么……

评点 文章主要采用抒情议论的方式表达思想情感，流畅如水，但缺乏一些力度。若适当描述一些细节画面，会更有说服力和感染力。

例文 我的小小心愿

这一季，我只愿，花未谢，雨未消，你未离去。

漫长的黑夜，寂静的世界，我向星星许了个愿，我希望：能和她的友谊天长地久。

时光，一路狂奔，一刻都不等我。即使我泪流满面地看着它，它依然毫无表情，留我一人在原地徘徊。

一路迷惘，一路踟蹰，是因为我始终都不知道自己到底想干什么，或许是不明白什么才真正属于我。走着走着，灯光也暗了，手中的棉花糖也融化了。我不知道哪里才是我可以停留的终点。在这里失去方向的我，只好一路埋头，企图在地上寻找。

五指间的缝隙在这片刻中填满了，我抬起头，望着你嘴角的弧度，心里瞬间塞满了快乐，挤走了哀伤。

那双手，是下雨天在宿舍路上，拉着我穿过漏水的雨棚的手。那双手，是在我委屈难受时轻拍我肩膀的手。

不安宁的夜，有梦，可以被爱唤醒吗？

"你为什么要骗我，你都不曾看见我对这段友谊的付出吗？"冲动敏感的我，狂躁不安，想尽各种方式引起你的注意。那时，我以为你百毒不侵，你以为我刀枪不入，明明想要并肩的人，却闹得如此下场。

事实也终将浮出水面。"我敢保证我对你所说的每一句话都是发自内心的，我们的友谊也绝无半点儿虚假……"在老师开导我后，我在瑟瑟冷风中收到了我写出的回信，纸随风飘扬，泪水洇湿了蓝色的笔墨。当初的我，也想要忘记，却是越发清晰，你的名字，你的一眼一眸。此时，我才明白，你在我心中的位置。

岁月是一面纱网，回忆在上头滚动，然后将我的锋利磨得圆滑，都让彼此只留下美好的细节。

远处飘来了一首熟悉的乐曲，安详和谐的韵律，唤醒了夜的宁静，撞击着心海。与你再次并肩，让我无限珍惜它。

天空的星星对我眨了眨眼。

我听说，天上的星星多到够我们每个人找一颗，托付我们小小的名字。你告诉我："要那么大颗星做什么？我宁愿，把我的名字，和你的名字放在两边。"

我们拉紧了彼此的手。

或许，其中的事是将所有的疑惑解开的那个过程，我们不会再次提起，因为我们都清楚。因为黑与白之间，存在数千个深深浅浅的灰色。

现在的我，无比简单快乐地生活着，天空中的万里无云如同我永恒的快乐。

再一次拉近彼此的距离，手握得更紧了，尝过了别离，知道会留下永无止境的寂寞，我想我不会轻易说出那句再见了。

星星啊，我在属于你的天空下，经历了许多珍贵、不可重复的记忆，你可否答应我这小小的心愿？

星星又对我眨了眨眼睛，我偷偷地笑了。

这篇文章读起来较为优美流畅，综合运用多种表达方式，如记叙、描写、抒情等，运用拟人手法，赋予星星动人的情感，富有表现力。

五、语言干瘪，毫无美感

　　语言是思想文化的外衣，是文章的肌肤。常言说"言而无文，行之不远"。任何高远的立意、新颖的选材、巧妙的构思、浓烈的思想感情，最后都要通过语言作为媒介载体表达出来。语言的地位不言而喻。

　　不过，不具备熟练准确的语言运用能力，作文中言不达意，或者想到哪儿说到哪儿，抑或大话、空话、套话、假话连篇，也难以引起读者的共鸣。考场作文中，语言方面容易出现以下几种问题：

　　1. 空洞无物，言不由衷。部分考生写作缺乏真情实感，缺乏思想主见，作文流于形式，假大空的语言，拐弯抹角。这种表达空洞无物，言不由衷的语言难以塑造生动精彩的文学情境，更难以将读者带入文章的阅读情境中去。

　　2. 语言苍白，味同嚼蜡。这样的作文主要问题在于作者缺乏适当的语言积累。因为词汇量的匮乏，用词单调，干巴巴的语言表达，让读者感觉味同嚼蜡。

　　3. 无病呻吟，故作高深。写文章最重要的是说真话、诉真情。但是我们的作文教学却没有重视这一点，学校教育和整个社会都没有营造一种能说真话的氛围，所以我们的孩子在作文中无病呻吟、故作高深，说一些假大空的话也就不足为奇了。作文中缺乏这个年龄段的孩子该有的质疑精神、好奇心、天真活泼、浪漫的天性，大多数文章读起来老气横秋，无病呻吟。

4．千人一面，陈词滥调。许多考场作文缺乏思想和个性，人云亦云，观点雷同、素材雷同、语言雷同，很难出彩。

例文　哈尔滨之旅

在老家过完年后，大年初二我就从杭州萧山机场坐飞机去黑龙江省的哈尔滨太平机场。在哈尔滨玩上两天后去漠河，在那里，我会和爸爸还有阿姨和弟弟会合（他们从珠海出发去哈尔滨）。

其实一开始我是同意的，想去北方看看雪，但回了老家（老家绍兴，平时零下几摄氏度）发现还真冷，我一想哈尔滨比这儿冷（零下25摄氏度），冷了五倍，就后悔了。但后悔也没用，机票什么的都订好了，只能照计划坐飞机去哈尔滨。

飞机上感觉不到，但下了飞机就感受到了，要不是我多穿了一件衣服加了棉袄，裤子也穿了两条，其中一条是棉裤，说不定我还真会被冻傻。本以为我那时候的手已经够冷的了，结果一次偶然把手碰到了旁边的扶手，才知道自己的手对比这些常年忍受严寒的物体真是不足挂齿，赶忙把手缩回来。

然后我就按照出口指示走了出去，遇见了爸爸他们，然后又等了下，就打的士去了预先订好的酒店。

到酒店已经很晚了，我躺在床上很快就睡着了。第二天9点钟左右起了床，去酒店餐厅吃了早饭，然后在门口又打了的士去一个庄园滑雪（不好意思，庄园名字忘了）。我们到了那儿，走了好长的路，才到了一个滑皮圈的地方（重点），坐上一辆庄园里的巴士，过了几分钟就到了滑皮圈的地方（出发地），然后拿上票，坐着皮圈玩了一次，很爽，很好玩。

　　然后，又走着走着来到了滑雪场地的入口，买了票，换了装备后，就用如同机械般的步伐走向滑雪场地，阿姨还特地花钱给我和弟弟请了一位教练（我弟弟快4岁）。

　　评点 这篇游记语言干瘪，毫无美感。主要原因是词汇量匮乏，缺乏积累。另外，游记最重要的是突出特色、写出细节，文中详略没有区分，记流水账似的作文记录，缺乏对细节的关注和描写，也缺乏情感与体验，表达方式单一。

那抹微笑最美

　　抬头仰望，漆黑夜空中那璀璨的星空，无论多少流年消逝，依旧放射出夺目光芒。树荫下飘落的秋叶，回望阳光折射到我的心底，泛起阵阵涟漪，投映出角落里那抹最美的微笑。

朋友的那抹微笑

　　此去经年，原已无缘相遇，谁知你会粉墨登场，让我受宠若惊。故人归来，恍若南柯一梦。我犹记得你那一抹微笑美到使我窒息。"不好了。""怎么了？"你问道。原来是班长摔倒了，腿磕破了。你二话不说，背起班长就往医务室走去，你的汗水像断线的珍珠在阳光的照射下晶莹剔透。你咬紧了牙，哼都不哼一声，一个人背班长上了三楼。你那厚实的背影，微微下弯的腰，你一步一步地走着，还不住地冲我回头微笑。在阳光的照耀下，那抹微笑最美、最真。我问你："累不累？"你仍是傻笑着对我说："嘿嘿，助人为乐乃快乐之本嘛。"你的那抹微笑转瞬即逝，但却是最美的。

我记得有一次考试，因我的成绩一向不怎么好，听到老师说要考试时，如同天雷滚滚，劈得我无处可逃。而你则是笑着拍了拍我的肩膀说："没事，一切都有我陪着你，你不用担心。"我感动得眼泪都要流下来了。你对我说："再哭美女都要变成丑女了。"我破涕一笑，谢谢你那一抹微笑对我的鼓励，温暖了我的心灵，那抹微笑如桃花般虽有花落成殇，但也有花开最美时。

如今桃花尽落，拥不住它最初的美丽，而你的一颦一笑在我心中是最美的。

恩师的那抹微笑

"学无止境，你们一定要努力学习，不要辜负父母对你们的期望和老师对你们的厚望。"我是个粗心大意之人，记得有一次考试成绩只有四十分，一看错的题自己都会，都是粗心大意惹的祸，我的眼泪"啪啪"地滴在桌子上，你轻轻地拍了拍我的肩膀。我一抬头发现你对我微微一笑，那微笑中包含着太多太多，好像是鼓励、安慰，又像是批评着我的粗心大意。那抹笑一笑而逝，这真诚而美丽的微笑，无法用言语表达。好像是在一望无际的沙漠中找到了绿洲，使我欣喜若狂，你安慰着我，告诉我错在哪儿、怎么错的。后来在你的帮助下，我改掉了粗心大意的毛病，周清取得了优异的成绩。

辗转、停驻、流连，一切都因你那抹微笑而变得更美。

慈母的那抹微笑

"慈母手中线，游子身上衣。临行密密缝，意恐迟迟归。"母亲，你是为我遮风挡雨的港湾，只要有了您，我一切都不怕了。我很怕毛毛虫，一见到它就会号啕不止。那时你告诉我："不要怕。"而我还是不停地大叫、大闹，你微笑着捡起地上的虫，告诉我："虫子不可怕。"那抹微笑最美，最美，晕开了我心中的恐惧，那深情的眼眸，微微的一笑使我恍然如梦。那微笑是最有感情的一笑，表达了母亲对自己女儿的爱。

回忆、定格、铭记，一切都因你那抹微笑使我变得坚强。

柳叶抽出新枝芽，阳光温暖地照射着我的心灵，投映出那抹转瞬即逝的微笑，开出了那抹盛开在心间的最美微笑之花。

评点 这篇文章语言流畅优美，文中"一颦一笑""璀璨""涟漪""南柯一梦""天雷滚滚"等大量典雅而生动的词汇，为文章增色不少。此外，"此去经年"等古诗词语言的化用、"慈母手中线，游子身上衣。临行密密缝，意恐迟迟归"等古诗词的引用，贴切自然给文章增添不少文采。

六、材料陈旧，素材堆积

　　写作素材来自生活，来自对生命的观察、思考、体验。为什么现在中学生写作材料陈旧？是因为我们没有让孩子真正去体验生活，太多的家长和老师代替孩子去承担、去体验、去思考。我们对孩子呵护备至，很多孩子不知饿是什么感觉，同情是一种怎样的体验，真正的帮助又是一个什么样的过程，在大雨中奔跑咆哮是怎样一种快感，注视抽芽的树木、嗅闻芬芳的花草是一种怎样的欣喜。很多孩子已经远离了天地风云雨雪，远离了四季，远离了真正的生活。一个生下来就关在笼子里的"金丝雀"，是无法拥有好的作文素材，写出好的文章来的。

　　我们是活在当下的人，每个人都有独一无二的性格特点、气质品位。只要是认真去生活的人，目之所及和内心感受到的一定是一个色彩缤纷的世界。所以，一个孩子如果想拥有丰富多彩的写作素材，那就要真正地去体验生活、感受世界、深入阅读……

　　有了生活体验的积累，还要学会思考提炼，将有价值有意义的素材用文字生动准确地表达出来，给读者启发、感动，让读者获得缤纷多彩的阅读体验。

　　为了避免写作中材料陈旧、素材堆积的问题，做到人无我有、人有我新，慧眼独运，以新制胜，就要选择紧贴时代、亲身体验、具体有趣新颖的素材。具体来说，以下几种做法比较可取：

1. 写能体现时代精神反映时代问题的素材。社会在发展，生活在改变，现代生活日新月异，对生活的关照是当代中学生比较缺失的一个方面。而能反映当下社会生活的文章，又恰恰是最能够引起人共鸣的。

2. 要善于发掘事物的特质。正所谓"世界上没有两片完全相同的树叶"，每件事物都有其独特性：独特的环境背景、独特的气质、独特的外在、独特的内涵……我们要善于观察捕捉、体会挖掘，即使普通的事物，也能够写出深意来。

3. 善于筛选，写出亮点。写作素材众多，好的作文不能只是材料的堆积，必须要经过精心筛选，将精华部分写出来，将主题凸显出来。如何筛选？选独特新颖、感受深刻的。一篇文章如何写出亮点？需对素材最打动人心的部分进行细腻地揣摩体会、细细刻画、多角度描写。

例文　听听校园的声音

校园是一个充满青春活力的地方，校园里的声音更让人感觉到青春的气息。下面就让我带你走进校园，倾听校园的声音吧。

朗朗读书声

从第一道门走进校园，未见真容，先闻其声。早晨，天刚蒙蒙亮，走进空旷的操场，四面八方都传来紧张热烈的读书声。经过各班门前，所有同学都在一丝不苟、专心致志地读书。时不时听到"海内存知己，天涯若比邻"的诗句；三角函数的定义；R=U/I的物理公式；be good for 的英语词组……听到这些声音，我立刻精神抖擞，充满活力。校园里的每个人都陶醉在这朗朗的读书声中，似乎这读书声有一种魔力，让我也情不自禁地加入其中。听到这读书声，我才感觉真正进入了校园。

热烈讨论声

我们学校课改十分有特色，课堂上的主人是学生。你听，不知是哪位同学在回答问题；再听，全班同学正在激烈地讨论。大家你不让我，我不让你，各自抒发自己的观点，这个人说："我认为……"那个人反驳说："你说得不对，这样才对……"经过激烈的讨论，大家还是没能得到统一的观点，最后由老师终止了这场激战，所有的同学都还意犹未尽，仍想继续讨论。听到这热烈的讨论声，我的心沸腾起来，顿时充满了活力，听听讨论声，我们都精神振奋，满怀自信。

加油拼搏声

进入了九年级，体育已不是简单的课外活动，它是一门分值达到70分的学科。学校也十分重视，就每天安排体育加练。今天是双班训练，口令一喊，操场的几个班整齐地向前跑，可是到了第3圈时，所有的班级队伍都被打散了。虽然步调不再整齐划一，但是每个人都在坚持跑。有的人说："不行，我跑不动了。"旁边的人鼓励她："加油，再坚持一下，这样才能够有所提高。"我们每个人都是在这样的鼓励和被鼓励中坚持下来，跑完全程的。到了最后一圈时，大家都使出全部的力气冲刺，每个人都像脱缰的野马。我在这里不仅听到加油声，更从同学们急促的脚步声中感受到中招考试前的拼搏精神。这种声音更让我真切地体会到校园的活力。

仔细聆听校园的读书声、讨论声、拼搏声吧！这些声音能让你感受到校园特有的青春与活力！

例文　那些美好的时光

走出大门，家还是那个家，房子还是那些房子，人还是那些人。

只是听见一些奇怪的声音，整个世界都变得特别喧闹，所有的事物都在说话。包括风、草、云、狗等一切动植物和自然现象，都在说着我们人类能听懂的语言。

人们开始慌乱起来，慌乱中又有一丝不安和诧异。不知道为什么，一夜醒来，整个发生了翻天覆地的变化。人们能听懂动物说的话，不管我们说什么语言。你知道它将要干什么、将要冲谁发动攻击。一切人类会做的事，它都能明白。它们变得骄傲起来。

这些动植物变得特别厉害，它们随意支配人类，如果人类不服从，它们就会刮大风、下大雨，让人们的生活变得特别糟糕。

动物们每天都要人类喂它们各种各样的食物，人类吃什么，它们就吃什么，它们一天天长得越来越大。人们不能杀死任何一种动物，连一只小虫子都不行。一旦让其他动物知道你杀害了它的同类，它就会通知所有的动物来围攻你。有时会把你吃掉，有时当你见到各种恶心的、千奇百怪的动物，直接就会被吓死。

从那天起，夜晚不再宁静，人们想睡都睡不着。风声再也不是普通的声音，而是变成了一种尖锐的、刺耳的、难听的笑声。那些昼伏夜出的动物们，会想尽办法不让人类睡觉。

几天后，地球上少了许多的人类。有被动物给吃掉的；有被吓死的；也有因为几晚睡不了觉，精神崩溃而死的。

每个国家都在利用自己的先进武器来和这些强大的生命对抗。但万万没想到的是，这些顽强的生命什么都不怕，不管是枪还是炮弹，根本不会把它们杀死，反而会让它们更加强大。他们已经战胜人类了，它们已经无敌了！

它们不允许人类砍伐树木，一棵都不行。不允许任何人过度开采和利用自然资源，不会再有污水排入清澈的湖里，不会再有雾霾天气。蓝天、白云、清澈的湖水……这一切都已经很美好了。但人类，已经渐渐消失了。

为什么会这样？它们给过人类无数次机会，本来蓝天、白云、清澈的湖水、纯净的空气，动物、植物和人类一起生活在这个世界上，那个时候的生活是和谐的、美好的。

人类生于这个世界，死于这个世界；人类亲手打造了这个世界，又亲手毁灭了这个世界。

评点 文题为"那些美好的时光"，但文中却通过反面来警醒人类逝去的美好，警醒人类去爱护这个世界。反弹琵琶，形式较新。美中不足的是选材较为散乱。

附 × 录

你 能 写 好 记 叙 文

一、学生A，写作困惑：拟标题束手无策

这个问题其实很简单。理清写作拟题的思路步骤，采取合理的写作策略，问题就能迎刃而解。

拟题的困惑主要出现在半命题、话题或材料作文题的写作当中。拟题的三个关键词是：准确、生动、新颖。

准确。这是拟题的第一要求，也是最重要的要求。所谓的拟题准确，就是符合命题老师的命题要求、符合材料的意思，不偏题离题，不出现有错别字、有语病的标题，不拟不符合逻辑的标题。在准确的基础上，才能追求拟题的生动新颖。对于一般考生来说，能够做到准确拟题即可。

生动。对于能力较高的学生来说，拟题可追求生动性。如何在准确的基础上让标题生动起来，并且生动又贴切，这比较考验学生的写作拟题能力。比如在标题中运用修辞手法，选取新颖别致的事物词汇入题，巧选形容词入题，等等。

新颖。新颖需要学生拥有创新思维、逆向思维，能想人之所不能想，需要长期的阅读写作积累，更需要写作时的灵感闪现，可谓可遇而不可

求。比如逆向思维拟题，引用古诗入题等，这是对写作的较高要求。

二、学生B，写作困惑：写作平淡无奇，如何选取新颖视角

写作平淡无奇，缺乏新颖视角。这是大部分小学、初中、高中写作者的写作困惑。因为考场阅读速度快，阅卷量大，很多考生只能通过优美的书写、新颖的题材和富有文采的语言来博取老师的眼球，获得高分。我个人认为，一篇好的文章，应该能将读者带入文章的情境中去，无论是平实质朴的语言，还是文采斐然的语言，只要让读者读起来感觉到自然流畅，能准确传达作者想要传达的意思，就是好文笔。

如何做到平淡而又有味道，选材新颖视角独到？我有以下建议：

1. 感情要真实。如果感情是真实的，无论是平淡的语言还是华丽的言辞都能触发人的情思。

2. 要有细节。有细节的文章才能有画面感，才能让人的眼睛和心灵定格在一处，去看，去体会。有细节的文章，即使平淡也有味道。

3. 巧用化身法。写作中我们总习惯于固定的视角和思维模式，所以，如果换一个视角、换一种角色，我们眼中所见、心中所感、脑中所想就会不一样。比如我们可以化身为他人、化身为物，甚至可以穿越时空，换位思考体验，写出来的文章视角当然独特。

三、学生C，写作困惑：不知道如何把握结构

首先，我们得把握文章的一般结构。对于小学生和初中生来说，把握写作的一般文章结构即可，不要追求太复杂的结构。不知道如何把握结构的写作者，是因为写作思路本身就没有理顺、思路混乱，或者想得太多，不清楚自己想要表达什么。

如何把握文章结构，我有如下建议：

1. 了解文章的一般结构。一般文章的结构，包含标题、开头、过渡、重点描述、结尾（一般结尾要点题）。

2. 中考考场中，九百字的格子，一般分四段至八段的作文比较美观合理。段落少于四段则显得臃肿笨拙，多于八段则显得零散。

3. 文章结尾一定要点题，让读者明确作者所要表达的主题，才能获得可观的分数。其实不仅仅要在文章结尾，在行文过程中，也应该时时回扣主题。

4. 注重衔接过渡。好的文章一定过渡衔接自然流畅，讲究起承转合。一篇文章开头、详细展开以及结尾各部分，如果没有衔接过渡，就显得文章拼凑生硬，缺乏流畅性，难以将读者带入阅读情景中去。

四、学生D，写作困惑：太注重好词好句，反而总是忽略内容

语言是为记录生活、表达思想情感服务的。而部分学生为了博取眼球，一味地注重辞藻华丽、好词好句的堆叠，词不达意、言过其实，这样的文章读起来让人感觉别扭矫情，卖弄文采。

所以，写作追求的是既要有形式上的美感，通过生动语言和新颖的艺术手法去呈现内容，更要有内容上的充实。正确认识这一点，才不至于在写作中剑走偏锋、故作聪明，文章华而不实。

我的建议是：

1. 写作者写作前一定要明确自己所要描述的内容，所要传递的思想情感。有了目标，所有的文字和艺术手段不过是为了达到这个目标，这就避免了本末倒置的问题。

2. 写作语言不要过度追求新奇古怪，能准确表达意思即可。

3. 应该勤加修改。写完后自己多读几遍，对感觉表达别扭、词不达

意的地方进行修改、增删、替换。

五、学生E，写作困惑：不知道如何描写细节。

不少写作者由于缺乏精心的素材筛选和文章构思，欠缺一定的写作技巧，通常写作中会通篇流水账，对人物、时间的描述都是概括性的，缺乏细节，难以引起读者的兴趣。

生活，真正精彩的地方在细节。文章最精彩、可读性最强的也是细节。对于一篇文章来说，细节决定成败。

想要写出细节，让细节出彩，需要注意：

1. 细致观察事物。细节来自对事物的观察和了解。包括事物的外在、内在、属性、动作、情感、来历、与世界的联系，等等。抓住能突出主题的细节详写，细致刻画，就有了细节。要使得描写生动形象，在观察事物的过程中，我们要调动自己的各种感官，对事物做非常细致的观察。每个人都有不同的性格特征，所以每个人说话、做事都会以不同的方式体现出自己的性格。我们要做的，就是认真地去观察，然后把它积累下来，作为写作的素材。写人是这样，细节描写用于写景、状物时，则要把握住景物的特征和变化。

2. 选用典型细节。细节描写在文章中不是越多越好，细节描写要能抓住典型细节，应选择具有代表性、概括性、能反映深刻主题的事，这样才更具有广泛性，有利于突出文章中心思想，从而给人留下更为深刻的印象。比如，鲁迅在《祝福》里几次写到鲁四老爷"皱一皱眉"，这种面部表情的细微变化，便深刻地暴露出封建绅士厌恶寡妇、维护旧礼教的反动立场和丑恶灵魂。

3. 运用一定的表达技巧。如慢镜头分解、多角度描写、环境烘托、修辞手法等。

《这才是中国最好的语文书》——《综合分册》

《这才是中国最好的语文书》是一套系列丛书，本书是第一册。

本册分为"幻想""文学变形记""动物""人与事"四个部分，选入梁实秋、莫言、王小波等众多中国作家的优秀作品，以及卡夫卡、西顿、宫泽贤治等世界大师的名篇。通过阅读这些杰出作品，让小读者享有语文课本不曾带来的阅读乐趣。此外，作者在每篇文章后面专门写了一段赏析解读的小文，或交代背景，或介绍情节，或延展阅读，等等。小读者可以在阅读中体会如何用准确的语言表达一件事，学会有意识地选择写作题材，掌握富于个性的表达方式，尝试主动提问并独立思考，学会观察表达自己眼中的独特风景……

不断阅读、不断表达的良性学习过程

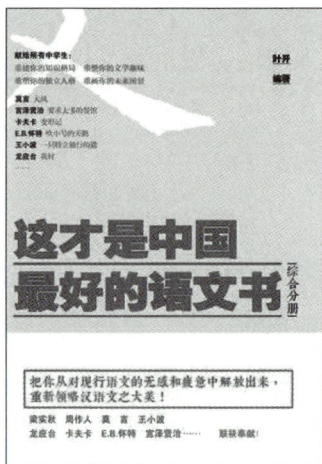

作者: 叶开
出版社: 江苏文艺出版社
定价: 29.00元
ISBN: 9787539966762

就是这样自然而然地形成的，而在阅读中感受优秀作品的特殊趣味，便成为学习的重要组成部分。希望小读者们能够从中找到自己爱读的书，养成良好的阅读兴趣。

《人间草木》

《人间草木》一书从汪曾祺先生创作的大量散文中精选而成，最早的写于20世纪40年代，大部分写于后半生，风格从华丽归于朴实，技巧臻于至境。这个系列分为"人间草木""四方食事""脚底烟云""联大岁月""师友相册""平淡人生""文章杂事"等七辑。"人间草木"主要描写花草景致、各地风物，文辞华丽，美不胜收。"四方食事"从故乡食物到各地美食，在素有美食家之称的汪老笔下，洋溢着深厚的文化气息，成为文化的一部分。这些美食一经汪老的点睛之笔，无不令人垂涎叫绝，"脚底烟云"是一组游记散文。不同于一般的纪游文字，汪老的散文富有深厚的文化历史与人文气息，可以称为文化散文，读者从中看到的绝不止风景本身。"联大岁月"描写作者当年在西南大学读书求学的难忘岁月，可谓历史的见证。"师友相册"记录了沈从文等几位师友的音容笑貌，故人已去，但在作者的文字里却栩栩如生。"平淡人生"是一组写父母家人的文字，情真意切，可以看出汪老人生不为人知的另一面。"文章杂事"收录了作者的一组谈小说与散文创作的得意之作，

作者: 汪曾祺
出版社: 江苏凤凰文艺出版社
定价: 32.00元
ISBN: 9787539987989

既是汪老先生的夫子自道，又是经验之谈，无论对一般读者、写作者还是研究者，都很有参考价值。

《缘缘堂随笔》

本书精选丰子恺先生的经典散文68篇，融入20余幅子恺漫画，图文并茂地展现了现代艺术大师笔下的不朽魅力。

本书收录的文章创作于丰子恺人生的不同时期，反映了他在不同阶段的思考与体悟，无论是写至亲、怀师友，还是观宇宙人生、品世间百态，无不深刻隽永、意趣悠长。

作者：丰子恺
出版社：江苏人民出版社
定价：29.80元
ISBN：9787214193346

《雅舍小品》

《雅舍小品》是梁实秋的一部散文作品集，初版收录小品文34篇，篇篇精致，优雅、幽默、有趣，常旁征博引，信手拈来，浑然天成，于会心一笑中品味社会百态。《雅舍小品》出版时，梁实秋就已不在

"雅舍"居住，但"雅舍"二字还是被沿用下来，先后有多部以"雅舍"命名的作品问世，单是《雅舍小品》就先后出过四集，其中的经典代表作还要属初版《雅舍小品》。

此次新修订，将全书分为三个部分："雅舍小品""雅舍小品续集/三集/四集""集外"。"雅舍小品"完整收录了初版《雅舍小品》的全部内容；"雅舍小品续集/三集/四集"是对《雅舍小品续集》《雅舍小品三集》《雅舍小品四集》的精选；"集外"则是精选了梁实秋其他集子中的名篇。这三个部分合在一起，是对梁实秋散文的一次全面梳理。

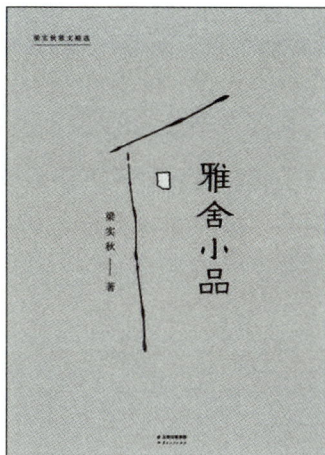

作者: 梁实秋
出版社: 云南人民出版社
定价: 39.80元
ISBN: 9787222155411

《我们仨》

《我们仨》是钱钟书夫人杨绛撰写的家庭生活回忆录。1998年，钱钟书逝世，而他和杨绛唯一的女儿钱瑗已于此前（1997年）先他们而

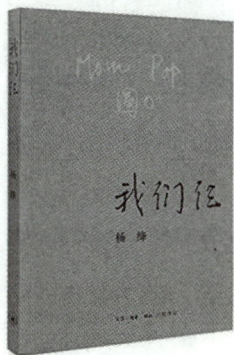

作者: 杨绛
出版社: 生活·读书·新知三联书店
定价: 23.00元
ISBN: 9787108042453

去。在人生的伴侣离去4年后，杨绛在92岁高龄的时候用心记述了他们这个特殊家庭63年的风风雨雨、点点滴滴，结成回忆录《我们仨》。

这本书分为两部分。第一部分中，作者以其一贯的慧心、独特的笔法，用梦境的形式讲述了最后几年中一家三口相依为命的情感体验。第二部分，以平实感人的文字记录了自1935年伉俪二人赴英国留学并在牛津喜得爱女，直至1998年丈夫逝世，63年间这个家庭鲜为人知的坎坷历程。

《我与地坛》

《我与地坛》收录了《我与地坛》《记忆与印象》等以记事为主的散文，配少量图片。《我与地坛》由中国当代著名作家史铁生著，是史铁生文学作品中充满哲思又极为人性化的代表作之一。其部分章节被纳入人民教育出版社出版的高中教材。前两部分注重讲地坛和他与母亲的后悔，对于中学生来说，这是一篇令人反思的优秀文章。

史铁生是当代中国最令人敬佩的作家之一。在自己的"写作之夜"，史铁生用残疾的身体，说出了最为健全而丰满的思想。他体验到的是生命的苦难，表达出的却是存在的明朗和欢乐；他睿智的言辞，照亮的反而是我们日益幽暗的内心。

地坛只是一个载体，而文章的本质却是一个绝望的人寻求希望的过程，以及对母亲的思念。

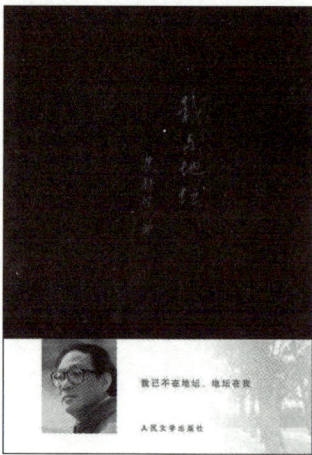

作者：史铁生
出版社：人民文学出版社
定价：23.00元
ISBN: 9787020083442

《俗世奇人》

　　《俗世奇人》是作者冯骥才文化小说的最后一个系列。文章用天津话以及古典小说的白描入笔，极具故事性和传奇性，并作了精美的插图。旧天津卫本是水陆码头，近百余年来，举凡中华大灾大难，无不首当其冲，因而生出各种怪异人物，既在显要上层，更在市井民间。这些人物空前绝后，然而都是俗世里的俗人；这些事情匪夷所思，却都是真人真事。在作者幽默的笔下，这些"俗世奇人"个个显得生动有趣，活灵活现。

作者: 冯骥才
出版社: 人民文学出版社
定价: 26.00元
ISBN: 9787020110933

《目送》

　　《目送》共由74篇散文组成，是一本极具亲情、感人至深的文集。父亲的逝世、母亲的苍老、儿子的离开、朋友的牵挂、兄弟的携手共行，作者通过这些写出了失败和脆弱、失落和放手，写出了缠绵不舍和绝然的虚无。正如作者所说："我慢慢地、慢慢地了解到，所谓父女母子一场，只不过意味着，你和他的缘分就是今生今世不断地在目送他的背影渐行渐远。你站在小路的这一端，看着他逐渐消失在小路转弯的地方，而且，他用背影默默地告诉你，不用追。"

作者：龙应台
出版社：广西师范大学出版社
定价：43.00元
ISBN: 9787549550173

《张晓风作品精华本》

本书是张晓风最经典的作品集，包括散文、杂文、戏剧和小说，其中几篇已选入中学语文课本，如《我在》《玉想》《人生的什么和什么》等。她的作品正如她的名字一样，如一阵清风拂过心田，收获的是勇敢、坚韧、温暖和对人生最深刻的思考。

作者：张晓风
出版社：长江文艺出版社
定价：32.00元
ISBN: 9787535474001

《我的阿勒泰》

　　《我的阿勒泰》是李娟十年来散文创作的合集。全书分为"记忆之中""角落之中"和"九篇雪"三辑，记录了作者在疆北阿勒泰地区生活的点点滴滴，包括有关人与事的记忆和感悟。全书文字明净，质地纯粹，原生态地再现了疆北风物人情，充满了朴野清新的气息。

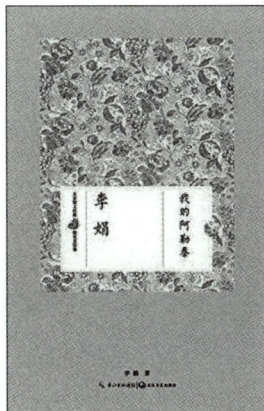

作者：李娟
出版社：长江文艺出版社
定价：37.00元
ISBN：9787535481504

《一个人的村庄》

　　《一个人的村庄》讲述了刘亮程是真正的作家，也是真正的农民，真正的农民作家。作为农民，写作真正是他业余的事情；而作为作家，他却无时不在创作，即使他扛着一把铁锹在田间地头闲逛的时候。在文章里，刘亮程是一个农民，但是作为农民的他，是否意识到自己是个作家呢？或者说，在他的内心深处，是否也以作家自许呢？我不知道。我揣测，在他的村庄里，在与他一样日出而作日落而息的村民们的眼里，这个无事扛铁锹闲逛，到处乱挖，常常不走正道却偏要走无人走过的草丛的人一定是个难以捉摸、有些古怪的人吧。在他们眼里，这个有点不一样的人是不是有点儿神秘呢？当然，他们也许不知道这个人在跟他们一样的劳作之外，还喜欢偷偷观察村里的人、驴、兔、飞鸟、蚂蚁、蚊子，以及风中的野草和落叶，甚至村东头和村西头的阳光……

作者: 刘亮程
出版社: 浙江文艺出版社
定价: 42.80元
ISBN: 9787533937577

《人类的群星闪耀时》

《人类的群星闪耀时》由奥地利著名小说家茨威格创作。涌动着匪徒、探险家、叛乱者兼英雄血液的巴尔沃亚成为第一个看到太平洋的欧洲人；仅仅一秒钟的优柔寡断，格鲁希元帅就决定了拿破仑在滑铁卢之

作者: [奥地利] 斯蒂芬·茨威格
出版社: 生活·读书·新知三联书店
译者: 舒昌善
定价: 28.00元
ISBN: 9787108052773

战中失败的命运；七十多岁的歌德像情窦初开的男孩一样爱上了十几岁的少女，求婚未遂之后，在瑟瑟秋风中一气呵成地创作了《玛丽恩巴德悲歌》；流亡国外的列宁不顾自己的荣辱毁誉，乘坐一列铅封的火车取道德国返回俄国，十月革命就这样开启了历史的火车头……

《大自然的日历》

心怀对自然的敬畏与热爱，深入森林，描摹古老旖旎的风光，探寻自然的本初，回归真实的人性。

这些文字就如朝阳下晶莹的露珠，折射出大地上朴实生活的诗意光辉，拂去蒙在喧嚣世间的灰尘，炫示自然与人之爱。

作者: [俄]米·普里什文
出版社: 新星出版社
译者: 潘安荣
定价: 36.00元
ISBN: 9787513315456

《园圃之乐》

诺贝尔奖得主赫尔曼·黑塞在战乱之年退隐山间，思考人性。他与花鸟草木相伴晨昏，共度寒暑，在耕读中寻得自我安宁，点滴感悟汇成了《园圃之乐》这本散文经典；黑塞的文字一如其笔下的水彩画，隽永平和，细腻雅致，似有一股淡淡的哀伤，又不乏对生命的超然顿悟。

作者: [德]赫尔曼·黑塞
出版社: 人民文学出版社
原作名: Freude am Garten
译者: 陈明哲
定价: 29.00元
ISBN: 9787020097739

《万物有灵且美》

"活泼的生命完全无须借助魔法，便能对我们述说至美至真的故事。大自然的真实面貌，比起诗人所能描摹的境界，更要美上千百倍。"

把追车当作一门艺术的狗，策划群猫暴动的精灵古怪的老猫……动物们温馨感人的故事在轮番上演着。大自然怀抱中的乡野风情，多姿多彩的人和动物，构成了一幅绚烂的芸芸众生画卷。

年轻的乡村兽医哈利，每天开着一辆冒黑烟的老爷车"南征北战"：和恶犬贴身肉搏，随时准备应对母马的"无影脚"……各种让人哭笑不得的"惨痛"遭遇层出不穷。在这里，他遇上了有生以来最困窘的时刻，也享受到最温暖动人的真情。作者以轻松幽默的笔触，记录乡间行医的点点滴滴，满溢着兽医生活的笑与泪、朴实的人情和土地的智慧。

哈利是个热爱生活的人，他尽情地享受着大自然的恩赐，并赞颂着生命的奇迹。他善于从生活中的点滴小事中发掘美好，更重要的是，他能够把他的热爱以近乎完美的方式传递给读者，让我们能够同样感受到生命、爱与欢笑。

作者: [英]吉米·哈利
出版社: 九州出版社
译者: 种衍伦
定价: 29.80元
ISBN: 9787510834387

《夏洛的网》

在朱克曼家的谷仓里，快乐地生活着一群动物，其中小猪威尔伯和蜘蛛夏洛建立了最真挚的友谊。然而，一个可怕的消息打破了谷仓的平静：威尔伯未来的命运竟然是成为熏肉火腿。作为一只猪，悲痛绝望的威尔伯似乎只能接受任人宰割的命运，然而，看似渺小的夏洛却说："我救你。"于是，夏洛用自己的丝在猪栏上织出了被人类视为奇迹的网络文字，并彻底逆转了威尔伯的命运，终于让它在集市的大赛中赢得了特别奖项和一个安享天年的未来。可这时，蜘蛛夏洛的命运却走到了尽头……E.B.怀特用他幽默的大文笔，深入浅出地讲了这个很有哲理意义的故事，关于爱，关于友情，关于生死……

作者：[美] E.B.怀特
出版社：上海译文出版社
译者：任溶溶
定价：26.00元
ISBN：9787532767373

《牧羊少年奇幻之旅》

牧羊少年圣地亚哥接连两次做了同一个梦，梦见埃及金字塔附近藏有一批宝藏。少年卖掉羊群，历尽千辛万苦一路向南，跨海来到非洲，

作者：[巴西] 保罗·柯艾略
出版社：南海出版公司
原作名：O Alquimista
译者：丁文林
定价：25.00元
ISBN：9787544244190

穿越"死亡之海"撒哈拉大沙漠……其间奇遇不断，在一位炼金术士的指引下，他终于到达金字塔前，悟出了宝藏的真正所在……

《吉卜林动物小说》

《吉卜林动物小说》收录了世界经典作家吉卜林最为脍炙人口的动物小说，共6篇，包括《莫格里的兄弟们》《老虎！老虎！》《在丛林里》等。

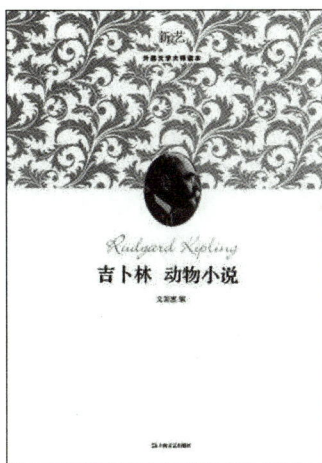

作者: [英] 吉卜林
出版社: 上海文艺出版社
编者: 文美惠
定价: 23.00元
ISBN: 9787532143757

《总有一天会长大》

本书的主人公约根是一个瘦小的小男孩，他很敏感，十分胆小。夏天来了，他却不肯换下冬衣，生怕别人嘲笑他的胳膊和腿太细。他不喜欢手枪、汽车，却喜欢洋娃娃。他像女孩一样，却和一个假小子玛利亚最要好。他长得很慢，最怕别人对他评头论足。后来玛利亚鼓励他一起登上大岩石，使他终于克服了内心的胆怯，也深信自己总有一天会长大。这是一个关于成长中所遇到的烦恼的故事，有关爱与勇敢。

作者: [挪威] 托摩脱·蒿根
出版社: 上海译文出版社
译者: 裴胜利
定价: 45.00元
ISBN: 9787532765362

《闯祸的快乐少年》

《闯祸的快乐少年》讲述了巴斯塔布尔家六个孩子的故事。他们每天在一起，蒸良心布丁救济穷人，扮演吉卜赛人给人算命，赶着驴

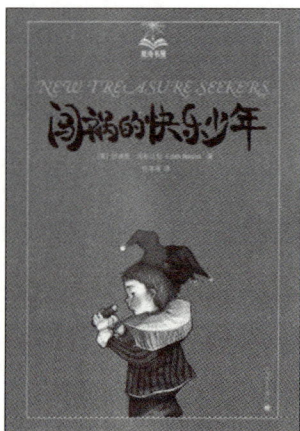

作者: 伊迪斯·内斯比特
出版社: 上海译文出版社
原作名: NEW TREASURE SEEKERS
译者: 任溶溶
定价: 43.00元
ISBN: 9787532757893

车卖货，甚至扮演穷孩子乞讨，这一切都是为了挣钱，暗中帮助高尚而清贫的房主。通过这一件又一件看似荒诞而又笑料迭出的事情，表现出了孩子们善良、勇敢、敢作敢为的可爱性格和和睦的家庭风气。在这些寻宝少年身上，体现着良好的家庭教养、勇于承担的高贵品质，以及活力迸发的孩童天性。古老英国的绅士风度由何而来？就像《闯祸的快乐少年》中的寻宝少年们那样要从小养成。读本书，受益无穷……

《银河铁道之夜》

这本书讲述一个贫苦孤独的少年于梦中和好友一同展开银河铁道之旅的故事，呈现给读者一个悲哀又深刻的情感世界。全书充满了谜团般的魅力。在少年贫困与孤独生活的背后，并不只存在着父亲离家、母亲卧病在床、遭同班同学欺侮这样的环境，还潜藏着根源很深的苦恼及诗人本质的孤独。乘坐火车时，时而像梦境，时而又像真实生活般的场景令少年感到困惑；铁道是沿着广大夜空中银河的川流毫无止境运行着的；而同行的好友则是在溺死之后，正前往死亡国度的路

作者: [日] 宫泽贤治
出版社: 上海译文出版社
译者: 王小燕
定价: 38.00元
ISBN: 9787532761531

上……不久，少年终于下定决心要"谋求众人真正的幸福"，从此与梦告别。

　　宫泽贤治以其神妙之笔建构了一个繁花似锦的银河世界，但在美不胜收的景致下，又隐含了一个悲哀孤独的情感世界。

图书在版编目（CIP）数据

你能写好记叙文 / 苏小昨主编.—北京：北京联合出
版公司, 2017.10

ISBN 978-7-5596-0874-1

Ⅰ.①你… Ⅱ.①苏… Ⅲ.①记叙文－写作－中学－
教学参考资料 Ⅳ.①G634.343

中国版本图书馆CIP数据核字（2017）第204702号

你能写好记叙文

作　　者：苏小昨
责任编辑：夏应鹏
版式设计：刘龄蔓

北京联合出版公司出版
（北京市西城区德外大街83号楼9层　100088）
三河市文通印刷包装有限公司印刷　新华书店经销
字数237千字　700毫米×980毫米　1/16　16.5印张
2017年10月第1版　2017年10月第1次印刷
ISBN 978-7-5596-0874-1
定价：39.80元
